GÉNÉALOGIE

DE LA

MAISON DE BRACHET

DE FLORESSAC

PAR

L. PATAUX

ANCIEN PROFESSEUR DU COLLÉGE DE FELLETIN
MEMBRE DE LA SOCIÉTÉ ARCHÉOLOGIQUE DU LIMOUSIN
AUTEUR DE *Felletin aux* XVIIᵉ *et* XVIIIᵉ *siècles*

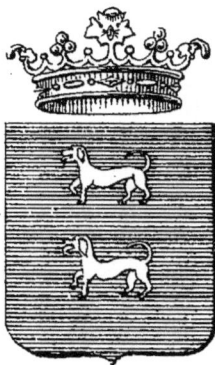

LIMOGES

IMPRIMERIE ET LIBRAIRIE LIMOUSINE
Vᵉ H. DUCOURTIEUX
Libraire de la Société archéologique et historique du Limousin
7, RUE DES ARÈNES, 7

1885

GÉNÉALOGIE

DE LA

MAISON DE BRACHET

DE FLORESSAC

GÉNÉALOGIE

DE LA

MAISON DE BRACHET

DE FLORESSAC

PAR

L. PATAUX

ANCIEN PROFESSEUR DU COLLÉGE DE FELLETIN
MEMBRE DE LA SOCIÉTÉ ARCHÉOLOGIQUE DU LIMOUSIN
AUTEUR DE *Felletin aux* XVIIᵉ *et* XVIIIᵉ *siècles*

Nescire proavum turpe est.
CICÉRON.

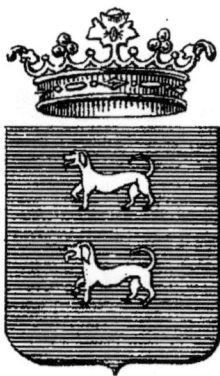

LIMOGES

IMPRIMERIE ET LIBRAIRIE LIMOUSINE
Vᵉ H. DUCOURTIEUX
Libraire de la Société archéologique et historique du Limousin
7, RUE DES ARÈNES, 7
—
1885

FAMILLE DE BRACHET

GUILLAUME BRACHET 1140	GUI BRACHET 1196	RENOULT BRACHET 1338	YTIER et PIERRE BRACHET 1379

AIMERY BRACHET

JEAN BRACHET
épouse Marie de Vendôme.

HUGUETTE BRACHET, épousa
1° de Galiart, ch', Sgr de Cumont;
2° Geoffroy de Rochechouart.

JACQUES BRACHET
épouse Marie Sully de Magnac.

| MATHURIN BRACHET, épouse 1° Marguerite d'Aubusson; 2° Marguerite de Pontville. | GUICHARD BRACHET, curé d'Abzat, chanoine de la Collégiale du Dorat. | GILBERT BRACHET, épouse Marie Tournelle d'Alègre. | MARIE BRACHET. | JEAN BRACHET, licencié ès-lois, chantre et chanoine de l'église cathédrale de Limoges. | CATHERINE BRACHET, épouse 1° Jean Potou de Xaintrailles; 2° Jean d'Estuer, ch', Sgr de La Bande. | GABRIELLE BRACHET. |

| JOACHIM BRACHET, épouse Anne de Villequier. | MARGUERITE épousa Charles de Lévy. | CATHERINE BRACHET épousa Jean de Crevant. | GILLES BRACHET épouse Charlotte de Tranchelyon. | | | GASPARD BRACHET, épouse Marie Hennequin. | JEAN BRACHET, épouse Léone de Combarel. |

FRANÇOIS BRACHET épouse Anne-Françoise de Vayres.

JEAN BRACHET épouse Jeanne de Blanchefort.

JEANNE BRACHET épousa François du Bois.

GUY BRACHET épouse Catherine d'Aubusson.

ISABELLE BRACHET, épouse Pierre Briçonnet, Sgr de Cormes.

ANNE BRACHET, épousa François L'Huillier.

RENÉ BRACHET épouse Jeanne d'Aubusson.

| LOUISE BRACHET épouse Franç. de Lestrange, Sgr de Magnat. | CLAUDE BRACHET, épouse Jeanne de Cenignau. | | LIONNET BRACHET, épouse: 1° Françoise de Coux du Chastenet; 2° Antoinette du Mas. | LOUIS BRACHET, épouse Françoise de La Mothe. | JEAN BRACHET, épouse 1° Michelle de Crevant; 2° Louise de La Mothe. | PHILIPPE BRACHET, chevalier de Malte. | MARIE BRACHET, épouse Foucauld de Bonneval. |

| JACQUES BRACHET, chevalier de Malte. | CLAUDE BRACHET, épouse Françoise de Prie | | LOUIS BRACHET, épouse Jacqueline de La Mothe. | FRANÇOIS BRACHET, épouse Catherine du Roy. | LÉONARD BRACHET, Sgr de Montaigu. | GUY BRACHET, épouse 1° Diane de Maillé; 2° Jeanne d'Aubusson. | FRANÇOIS BRACHET, épouse Françoise de Maillé. |

| MARIE BRACHET, épouse le comte Charles de La Tourcelle. | GILLES BRACHET, ép. 1° Marie Dupuy de Cenau; 2° Aimée de La Grange d'Arquien. | GUILLAUME BRACHET. | ANNET BRACHET, épouse Anne de Limoges, La Gorce-Baynat. | | LOUIS BRACHET, épouse Isabelle Channeau. | ÉTIENNE BRACHET, épouse Anne de Rousseau. | ISABELLE BRACHET, épouse : 1° François d'Aubusson; 2° René-Gaspard de La Croix. |

| ANNE BRACHET, épouse François de La Grange. | ANNE BRACHET, épousa Jacques de Choiseuil. | FRANÇ. BRACHET épouse Marguerite de Villars. | ÉLÉONORE BRACHET épouse de Malte. | FRANÇOIS BRACHET, épouse Catherine d'Escodeca de Boisse. | GILBERT BRACHET chevaliers ligieuse à Tulle. | ANNE BRACHET, re- | JEAN, autre JEAN, FRANÇOIS, LOUIS, JOSEPH, HYACINTHE, et 6 filles. | FRANÇOIS épouse Claude Cardaillac. | LÉONARD, épouse Marie-Germaine Lespine. | DOMINIQUE BRACHET, épouse Marie de Sensillon. | FRANÇOIS D'AUBUSSON, duc du Rouennais, pair et maréchal de France. |

GILLES-ARCHAMBAULT BRACHET, épouse Jacqueline L'Espicier.

MARIE BRACHET épouse Jean Prévot.

ANNET-BONAVENTURE BRACHET, épouse Marie-Madeleine de Fay d'Athie de Silly.

Antoine - Dominique, prieur de Boisse; Joseph; Elisabeth, épousa Louis de Salvert de Noissac.

MARIE MARIE-ANNE épouse Claude de Courtille.

| MARIE-SUZANNE BRACHET, ép. Fr. Catelan. | LOUIS BRACHET. | JEAN BRACHET, épouse Mario Traversu. | MARGUERITE BRACHET. | GILBERT-CLAUDE BRACHET, épouse Anne-Nicole du Dangé-d'Orçay. | HENRI-HECTOR BRACHET. | CHARLOTTE - ARMANDE, épouse Gabriel d'Aureil, comte de Laudans. | | | | ÉTIENNE BRACHET, épouse - Louise Aultier de la Bastide. |

| LOUIS-CLAUDE BRACHET, abbé de Cervoux. | PIERRE-LOUIS BRACHET. | J.-B. BRACHET, 1° Marguerite de Cherry; 2° Anne de Chastenay de Cissay | GABRIEL BRACHET, épouse Edme Bureau. | CLAUDE-JOSEPH-ALEXANDRE BRACHET. | BALTHAZAR-ANNE-JOSEPH BRACHET, épouse Marie-Marguerite-Honorine Véret de Nanteuil-Aubois. | | ANNE-HENRIETTE BRACHET. | MARIE-LOUISE BRACHET. | ÉLIE, LOUIS ANTOINE, épouse autre DOMINIQUE, RAIMOND C. Leconne de la Chapelle. ANTOINE. |

VICTOR-JOSEPH-HONORIN BRACHET, épouse Adrienne Baudon de Mony-Colchen.

LOUIS BRACHET, épouse Marguerite Colomb, fille de Pierre, secrétaire du roi, et de Marie-Anne Garat.

| MARIE-MICHELLE BRACHET. | M.-CÉSARINE-AUGUSTINE BRACHET. | CATHERINE-FRANÇOISE BRACHET. | CHRISTINE-FRÉDÉRIQUE BRACHET. Plus une autre fille et quatre fils. |

ALEXANDRE BRACHET DE FLORESSAC, époux de Marie-Jeanne-Louise-Gabrielle Le Vaillant du Douët.

MARGUERITE BRACHET, épouse de M. le marquis de Baume du Puy-Montbran.

ARMAND RAYMOND MARIE MARTHE MADELEINE JEANNE

DE BRACHET

DE COUX

DE LA MOTHE

DE SENS

DE LA GORSE-LIMOGES

DE BEYNAC

D'HAUTEFORT

DE SAINT-CHAMANS

Imp. H. Ducourtieux, édit. Limoges.

B. Ducros, lith.

HISTOIRE D'UN NOM

« *Les édifices du moyen âge sont tous inachevés et tous le paraissent. On pourrait les compléter jusqu'à la dernière pierre, sans leur ôter jamais le caractère d'une œuvre en construction.* » (Victor DE LAPRADE.)

A première vue, cette critique parait étrange si on l'applique à l'histoire d'un nom.

Un nom rappellerait-il, dans sa structure et sa durée, nos vieilles cathédrales gothiques ? On peut dire que les siècles se sont dépensés à le construire ; ils n'ont jamais su l'achever : jamais, non plus, l'architecture du moyen âge n'a pu atteindre la perfection du fini : partis d'un même point, ils ont marché dans le temps, en se donnant la main.

Même origine, même fortune, et ajoutons même condition de durée. Les vieilles cathédrales qui décorent les

capitales de nos provinces, doivent à de perpétuelles res-
taurations leur jeunesse renouvelée. Si un nom, après
des siècles, nous apparaît tel qu'il fut à son berceau, il le
doit aux multiples alliances qui, à chaque génération, lui
ont infusé un sang nouveau. Comme il fait la race, le
sang fait le nom : noblesse de nom doit toujours dire —
noblesse de sang. — Enfin, à la suite des corporations
ouvrières du XII⁰ siècle, il faut, nous aussi, nous résigner
à ne pouvoir achever notre œuvre : aux siècles futurs de
couronner le monument ; à nous d'y ajouter de nouvelles
assises, — pierres d'attente qui appellent et préparent
l'avenir. — De cette espérance est née l'Histoire d'un nom.

Doué d'une puissante vitalité, ce nom, dès 1140
jusqu'à nos temps, n'a cessé de s'affirmer dans les annales
de nos provinces limousine et marchoise, et à ce titre, il
fait partie de notre domaine. Ce domaine pouvait être
savamment exploité : reproduire la chronique des siècles
écoulés, signaler dans une évolution successive de dates et
de faits tout ce qui touche à ce nom, ou le rappelle :
c'eût été faire œuvre d'érudit.

Dans ce long passé, nous n'avons voulu voir, nous
n'avons su lire qu'un nom. Épelant une à une, toutes les
lettres, toutes les syllabes qui le composent, multiples
fragments, semés çà et là, sur la route des siècles, nous
en avons formé une vivante et féconde unité : l'Histoire
d'un nom.

Après cela, que ce nom se retrouve dans chaque page, dans chaque ligne de la légende ; à cette place, il est bien. Les feuillets même qui semblent le taire, parlent encore de lui. Que figurent en effet dans ce récit les Vendôme, les Xaintraille, les Sully, les Bonneval, les Lévy, les Lestrange, les Villars, les d'Aubusson, etc., etc. ? Autant de diamants enchâssés dans un écrin ; l'écrin, c'est le nom.

Et d'abord qu'est-ce qu'un nom ?

Le nom, un des trois éléments générateurs de notre langue, a pour fonction de définir la personne. Définir, cela veut dire fixer des bornes, des limites, un terme. Quand on parle d'un champ, d'une voie publique. d'un monument, il suffit d'en mesurer l'étendue, la superficie, la hauteur ; et il n'est besoin pour cela que du compas de l'architecte, du cordeau de l'arpenteur. Le nom a mieux à faire que de se jouer avec des surfaces. La personne qu'il définit, il l'atteint, il la pénètre ; et ces deux substances sont unies à ce point que, nom et individu ne font qu'une seule et unique personnalité. Aussi l'un et l'autre ont-ils toujours la même fortune : également exécrés, également vénérés. Au moyen-âge, on dévouait magiquement un homme à la mort, en brûlant son nom écrit sur un papier.

Dans cette alliance indissoluble, le nom imprime à la personne des énergies qui par elles-mêmes lui sont étrangères. Il exerce à son profit le rôle qu'on assigne à l'âme humaine : *il est sa forme, sa parole, son verbe ; c'est par lui qu'elle est dite et qu'elle se dit, c'est par lui qu'elle se révèle et s'affirme. Il est son épanouissement logique, sa splendeur intelligible. L'être est si peu sans son nom, que s'il n'a pas de nom, si surtout il n'est pas nommable, il n'est pas non plus concevable et il n'existe réellement point. Pour Dieu, créer un être, c'est le parler et dès lors aussi le nommer.*

Influence du nom sur l'avenir. Les anciens, au dire de Platon, découvraient dans le nom une sorte de vertu prophétique qui dominait la destinée de l'homme. On ne peut pas admettre cette opinion ; mais on ne saurait nier le sentiment irrésistible, impérissable, qui porte l'homme à prolonger son nom au delà de sa vie voyageuse. C'est pour répondre à ce sentiment que tous les peuples ont reconnu dans l'adoption les privilèges que donne la naissance. Tout auteur doit se survivre dans les héritiers de son sang, de sa fortune, de son nom : « non omnis moriar » (HORACE).

Enfin, s'il n'est pas une religion, le nom en revêt les caractères les plus augustes : il a son culte, son temple, ses autels, ses sacrifices. Ne dit-on pas : le culte des ancêtres, — le sanctuaire de la famille, — le foyer domestique n'est-il pas vénéré, protégé à l'égal des autels, pro aris et focis ; *et qui dira jamais les immolations, les dévoûments, les héroïsmes qu'impose l'honneur du nom.*

*Mais le nom ne se limite pas à la personne qu'il définit :
il s'élève jusqu'à la famille. Il est dit alors patronymique ;
et aussi bien que la richesse mobilière et domaniale, il est
fait un héritage. Quel héritage ! Nous savons ce que
souvent sont devenues, entre les mains de légataires, ces
grandes fortunes seigneuriales : sous formes de douaire,
d'apanage, de dot, elles ont été morcelées, amoindries,
réduites parfois à quelques arpents de terre, derniers
vestiges d'une grandeur passée : c'est la loi des héritages.
Cette loi, le nom ne la connaît pas ; il ne subit ni division,
ni déclin. Ce qu'il fut pour une génération, il l'est pour
toutes, il l'est pour tous les membres qui composent la
famille :*

« *Chacun en prend sa part et tous l'ont tout entier.* »

(V. Hugo).

*Enfin, le voulut-on, nul ne peut faire trafic de son
nom : patrimoine inaliénable comme il est inamissible,
tel est son caractère. Les privilèges disparaissent, les
châteaux croulent, les terres seigneuriales passent à
d'autres maîtres, le nom reste :* « *De tous les biens
humains, dit Bossuet, il est le seul que la mort ne puisse
nous ravir.* » *Il est le seul qui, plus que la vie, nous tient à
cœur :* mori potiùs quam fœdari.

*Ce devoir des familles nous remet en mémoire un fait,
qui compte à peine quelques années de date. Dans une de
nos petites villes du Midi, vivait inconnu le dernier
membre d'une noble lignée. Ses ancêtres avaient possédé*

de nombreux fiefs dans les provinces de la Marche, du Rouergue et de l'Auvergne : ils étaient illustres à la cour et dans l'armée, et par leurs alliances ils tenaient de près au trône : rang, fortune, illustration, le temps avait tout emporté, et de ces glorieux débris, une seule épave avait surnagé, le nom. Or, un jour il advint qu'un heureux parvenu, s'estimant assez riche pour le dorer, rêva de se donner un blason de marquis ; c'était dépouiller le légitime possesseur de son bien, le seul qui lui restât ; il avait compté sans la fière susceptibilité de la victime. Le gentilhomme protesta. Plus jeune, il eut provoqué en champ clos le ravisseur, et eut lavé dans le sang l'injure faite à sa race ; vieillard, il ne put qu'en appeler à l'opinion ; par la voix des feuilles publiques, il revendiqua la possession exclusive de ses titres et livra à la vindicte des tribunaux l'injuste détenteur de son nom. C'est à cette protestation indignée que nous devons d'avoir pu découvrir l'unique et dernier rejeton de nos seigneurs de Saint-Quentin. A l'heure où nous écrivons, le vieux gentilhomme a dû subir le suprême outrage du temps ; il est descendu dans la tombe, emportant dans les plis de son suaire, le dépôt sacré dont il avait la garde : in pace ; et sur la pierre modeste qui le couvre, on peut inscrire pour épitaphe, ces paroles du roi-chevalier : « Tout est perdu fors l'honneur. »

Les revendications du noble vieillard n'étaient point de

séniles puérilités : dans l'intégrité du nom, il retrouvait l'honneur de la famille, la noblesse du sang, la vaillance des ancêtres, les gloires d'un passé plusieurs fois séculaire : le nom contient tout, il dit tout. . .

N'est-il pas en nos temps cette mine inépuisable que fouillent sans fin nos chroniqueurs, et d'où ils extraient de vrais diamants. M. Cousin a été un des premiers explorateurs, il a fait école ; et à l'heure présente, le mode historique le plus en faveur, c'est la monographie ; — la monographie, c'est l'histoire du nom.

Celui dont nous racontons la légende porte à son origine un caractère que nous croyons devoir signaler. « Quand les fiefs, dit Laroque, furent faits héréditaires et patrimoniaux, sur la fin de la seconde lignée de nos rois, la noblesse de France et d'autres pays, prit des surnoms de ces principaux fiefs, et en fit un composé. » Le nom de Brachet ne connaît point ces alliances par juxta-position ; il naît comme il vit, de lui-même ; et son caractère en langage philosophique, c'est l'aséité, « Excellence de mérite, grandeur des services, éclat du succès, (ici) le nom porte tout. » (Forcade).

Ce nom, d'autres mieux que nous auraient su le mettre en lumière : plus d'un motif légitimait nos audaces. — Pendant les deux derniers siècles, ce nom a été l'hôte fidèle de nos foyers ; il a vécu de notre vie. Emporté par la tourmente révolutionnaire, le silence, pour des jours se fit à son endroit, mais le silence n'est pas l'oubli. S'il n'était plus gravé sur la pierre armoriée de la grande tour, l'édifice était en ruine, on le trouvait écrit sur les vieux chênes de la forêt : la forêt nous a valu et le retour du maître et le château des aïeux : ceci a fait cela.

Enfin, par leurs héritages, Felletin et Le Maslaurens se donnent la main. De là, relations obligées entre la ville et le château : elles se sont continuées deux siècles durant. Lieutenant général de la Marche, le marquis de Brachet fixe à Felletin sa résidence, il y possède un hôtel ; il y exerce les fonctions de sa charge. Ailleurs, il est déclaré patron de la chapelle de Saint-Jean-Baptiste de Beaumont, et jouit de tous les privilèges de paroissien : banc près du chœur de l'église, droits de sépulture honorifique. Il institue ou confirme de pieuses fondations, distribue aux pauvres des aumônes et apporte sa pierre à l'édifice où la jeunesse felletinoise doit être formée à la science et aux bonnes mœurs.

Ce nom appartient à Felletin, il a sa place, comme il a son rôle dans la légende de la cité, et nous, auteur de cette légende, nous avons la bonne fortune d'en écrire ici un nouveau chapitre, et d'apporter pour corollaire à Felletin aux xviie et xviiie siècles, *la généalogie de la* Famille DE BRACHET, *l'Histoire d'un nom.*

FAMILLE DE BRACHET

A famille de Brachet est une de celles que cite le célèbre du Chesne, pour prouver qu'une maison peut tenir un rang distingué dans la noblesse sans avoir pris son nom d'une terre (1). On voit, en effet, cette maison figurer parmi la plus ancienne noblesse de la province du Limousin et soutenir *cet avantage par les plus grandes alliances.*

Le plus ancien sujet de cette maison qui soit connu, est Guillaume Brachet, chapelain du palais de Raimond, prince d'Antioche, fils puisné de Guillaume IX, comte de Poitou, lequel souscrivit, en 1140, une donation faite par ce prince aux lieux saints (2).

---

(1) *Histoire de la maison des Chateigner,* in-fol., édition de 1634. préface, page 2.

(2) *Ibidem,* page 79. Son fils; autre Guillaume, assiste à la VII⁰ croisade. (note 7)

Gui Brachet, camérier de Bénévent 1196, (chartes).

Renoult Brachet, écuyer, qui servait en 1338, à la tête de deux écuyers, et scella une quittance de son sceau, représentant les armes que portent MM. de Brachet, à l'écartelure près (1).

Ytier et Pierre Brachet portaient aussi les armes dans une compagnie d'écuyers, en 1379 (2).

I. — AYMERY BRACHET, écuyer, qui commandait, en 1387, une compagnie composée de 3 chevaliers et de 18 écuyers et vivait encore en 1391 (3), fut père de

II. — JEAN BRACHET, chevalier, seigneur de Pérusse, de Montaigu et de Salagnac, qualifié noble et puissant seigneur, ainsi que ses descendants. Lequel servait le roi Charles VI dans ses guerres, en 1405 (4), et mourut avant l'année 1428 : il avait eu pour épouse Marie de Vendôme. De ce mariage naquirent

1° Jacques qui suit ;

2° Huguette Brachet, qui épousa en premières noces, Gérault de Gallart, chevalier ; elle forma une seconde alliance avec Geoffroy de Rochechouart, S^gr du Bourdet, etc.

III. — JACQUES BRACHET, écuyer S^gr de Pé-

(1) Manuscrits du cabinet de l'Ordre du Saint-Esprit.
(2) *Ibidem.*
(3) *Ibidem.*
(4) *Ibidem.*

russe, Montaigu, Salagnac, Saint-Martial, chambellan du roi, capitaine d'une compagnie d'arbalétriers, portait les armes contre les Anglais en 1418, et commandait en 1436 une compagnie de gendarmes. Il épousa Marie de Sully, dame de Magnac, fille de Geoffroy, S^{gr} de Beaujeu en Berry et de Belleassez de Magnac, dont :

II. Gilbert, qui suit;

II. Catherine Brachet, mariée : 1° à Jean Poton, S^{gr} de Xaintrailles, maréchal et grand écuyer de France ; 2° à Jean d'Estuer, chevalier, S^{gr} de La Barde, chambellan du roi et sénéchal du Limousin, à qui elle porta plusieurs terres considérables, entre autres celles de Salagnac, Tourrégus, Grateloux, Galapian, La Gruyère ; elle mourut sans enfant et l'un de ses principaux héritiers fut son frère, Mathurin Brachet, S^{gr} de Montaigu.

II. Mathurin Brachet, chevalier, S^{gr} de Montaigu, chambellan du roi, sénéchal du Limousin et bailli de Troyes, épousa en 1452 Marguerite, sœur de Pierre d'Aubusson, grand-maître de Rhodes; il n'eut point d'enfant de cette première alliance ; en 1458, il se maria en secondes noces avec Marguerite de Pontville; d'eux naquirent :

1° Joachim Brachet, écuyer S^{gr} de Montaigu, etc., chambellan du roi, sénéchal du Rouergue, gentilhomme ordinaire de la chambre de Sa Majesté, reçu chevalier de l'Ordre de Saint-Michel en 1568; il épousa Anne de Villequier et eut pour enfant :

A — François Brachet, écuyer, S^{gr} de Montaigu, chambellan du roi, qui épousa Anne-Françoise de Vaires et eut pour enfant :

a. — René Brachet, qui épousa Jeanne d'Aubusson, fille de Charles et de Jeanne de Monteil ; les galanteries de cette dernière furent funestes à son mari. Ils moururent sans postérité. En René s'éteint la branche des seigneurs de Montaigu.

2° Marguerite Brachet, épouse de Charles de Lévy, baron de Charlus, grand-maître des eaux et forêts de France, dont elle eut : 1° Claude, 2° Gabrielle, mariée à Antoine Lelong, Sgr de Chateau-Morand.

3° Catherine Brachet, mariée en 1439 à Jean de Crevant, chevalier, cinquième aïeul de Louis de Crevant, duc d'Humières, maréchal de France : ils eurent sept enfants, dont l'un Poton, chevalier de Malte.

II. Guichard Brachet, curé d'Absat, chanoine de la collégiale du Dorat.

II. Jean Brachet, licencié-ès-lois, protonotaire de notre Saint-Père le Pape ; chantre et chanoine de l'église cathédrale de Saint-Etienne de Limoges.

II. Marie Brachet.

II. Gabrielle Brachet.

IV. — Gilbert BRACHET, chevalier, seigneur de Magnac et de Pérusse, chambellan du roi, homme d'armes de la compagnie du maréchal de Xaintrailles, son oncle ; épousa en 1448, Marie Tourzelle d'Alègre, sœur de Jacques, cinquième aïeul du maréchal d'Alègre, reçu chevalier des Ordres du roi en 1728. Elle était fille d'Yves de Tourzelle, baron d'Alègre, 1er du nom, chevalier ; et de Marguerite d'Apchier, dont naquirent :

1° Gilles, qui suit;

2° Gaspard Brachet;

3° Jean Brachet, marié en 1469 à Léone, fille de François Combaret, chevalier, S^gr de Montaigu-le-Blanc et de Jacquette des Monts (1).

V. — Gilles BRACHET, auteur de la branche de pérusse, écuyer, seigneur de Magnac et de Pérusse. Il transigea en 1491 sur ses droits à la riche succession de Catherine, sa grand'tante, épouse du maréchal de Xaintrailles, et mourut après l'année 1502. Il avait épousé Charlotte deTranchelyon et avait eu pour enfants :

1° Jean Brachet, qui suit;

2° Jeanne Brachet, épouse de François du Bois, S^grl de Chabanet.

3° Guy Brachet, seigneur de Pérusse.

III. Jean Brachet, écuyer, baron de Magnac, épousa en 1502, Jeanne de Blanchefort, fille de Jean de Blanchefort, seigneur de Saint-Clément, Sainte-Sévère et Saint-Jeauvrin, en Berry, maire de Bordeaux, trisaïeul de Charles, duc de Lesdiguières, pair et maréchal de France et chevalier des Ordres du roi, et d'Andrée de Noroy, dame du Targé.

Jeanne de Blanchefort avait pour oncle Guy de Blanchefort qui, fut grand-prieur d'Auvergne et qui nommé grand-maître de Rhodes, mourut en voyage, lorsqu'il

(1) A la même date, Jean acheta du sieur Combarel, le fief de Nouaille, paroisse de Bersac (*Nobiliaire* de Nadaud)

allait prendre possession de sa charge, en 1513. Ils eurent pour enfants :

1° Louise Brachet, épouse de François de L'Estranges, S^{gr} de Magnat, 1577 ;

2° Claude Brachet, qui suit.

IV. Claude Brachet, écuyer, seigneur de Magnac, de Palluau, etc., qui vendit, en 1554, la première de ses terres et eut pour épouse Jeanne de Couignau, fille de Robert de Couignau, capitaine de la compagnie écossaise des gardes du corps du roi Louis XI. Il eut pour enfants :

1° Jacques Brachet, reçu chevalier de l'ordre de Malte, en 1570 ;

2° Claude, qui suit.

V. Claude Brachet, chevalier, seigneur de Palluau, etc., lieutenant d'une compagnie de gendarmes, chevalier de l'Ordre du roi, servit dans les guerres contre les protestants et se trouva dans plusieurs sièges, entre autres à ceux de Saint-Jean d'Angely, 1569, et de Lusignan, 1574 (1). Il épousa en 1572 Françoise de Prie, fille d'Edme de Prie, chevalier, S^{gr} de Prie, lieutenant général en Touraine, quatrième aïeul du marquis de Prie, chevalier des Ordres du roi, lequel a eu l'honneur d'être parrain de Sa Majesté. Ils eurent pour enfants :

1° Marie Brachet, épouse du comte Charles de Latournelle (château de Leugny) ;

2° Guillaume Brachet ;

3° Gilles, qui suit.

(1) Manuscrits du cabinet de l'Ordre du Saint-Esprit

vi. Gilles Brachet, seigneur de Palluau, de Villars, de Senau, de Sugny et de Forêts, gentilhomme ordinaire de Sa Majesté et maître d'hôtel du roi, servit en qualité de volontaire dans l'armée employée à la défense de la province de Picardie en 1636, et forma deux alliances : la première avec Marie Dupuy de Cenau, 1611, et la seconde avec Aimée de La Grange d'Arquien, fille d'Antoine de La Grange, chevalier, seigneur d'Arquien, de Prie, près Nevers, gentilhomme de la chambre du roi, capitaine de cinquante hommes d'armes, capitaine des gardes de la porte, lieutenant colonel des gardes françaises, gouverneur de Calais, Sancerre et Gien, lieutenant au gouvernement de la ville et citadelle de Metz ; Aimée de la Grange était tante de Marie-Casimire de La Grange d'Arquien, épouse de Jean Sobieski, roi de Pologne.

Du premier mariage naquit :

Anne Brachet, mariée à François de La Grange, marquis de Bréviaude, seigneur de Prely, de la Bretoche et de Senau, lieutenant colonel au régiment du comte d'Arquien, son frère, héritier de François de La Rochechouart, son oncle maternel, fils de Jean-Jacques de La Grange, chevalier, vicomte de Soulangis, gentilhomme de la chambre du roi, gouverneur de la ville de Calais en 1610, et de Gabrielle de La Rochechouart.

Du deuxième mariage naquirent :

François, qui suit.

Anne Brachet, mariée le 15 juillet 1655, à Jacques

de Choiseuil, seigneur de Villars, de Montreuillon, fils de Jean, chevalier de l'Ordre du roi, et d'Anne de Franay d'Anisy.

VII. François Brachet, chevalier, seigneur de Palluau, etc., épousa en 1630, Marguerite de Villars, en Bourbonnais, veuve de Charles de Pradat, écuyer, dont il eut pour enfant :

1° Gilles, qui suit ;

2° Marie Brachet, épouse de Jean Prévot, seigneur de Saint-Cyr, président aux requêtes du Palais : leur fils, Bernard Prévot, seigneur de Morsan, président au Parlement de Paris, épousa Magdeleine Potier, fille de Jacques, seigneur de Blancménil, conseiller au Parlement de Paris, (homme très distingué par sa science et son mérite), et de Françoise Cueillette, dame de Gesvres.

VIII. Gilles-Archambault Brachet, écuyer, seigneur de Palluaud, marié en 1675 à Jacqueline L'Espicier, fille de Claude, écuyer, seigneur de Villars, de laquelle naquirent :

1° Marie-Suzanne Brachet, de la Milletière, épouse de François Catelan, intendant des finances, conseiller d'Etat, dont la fille, Suzanne Catelan, fut mariée à Alexis de Sainte-Maure, comte de Jonsac, marquis d'Azillac, seigneur de Mosnac, lieutenant général des provinces de Saintonge et d'Angoumois;

2° Louis Brachet, seigneur de La Jarousse, lieutenant au régiment d'Anjou, en 1707;

3° Jean, qui suit, né en 1712 ;

4° Marguerite.

ix. (1) Jean Brachet, seigneur de Magny, épousa Marie Traveau, fille de M. Jean-Baptiste Traveau, conseiller du roi, et eut pour enfants :

1° Jean-Baptiste, qui suit ;

2° Louis-Claude Brachet, abbé de Cervoux ;

3° Gabriel Brachet, chevalier, seigneur de Villars, ancien officier au régiment de Charost-cavalerie, fut marié à Edme Bureau.

4° Pierre-Louis Brachet, appelé vicomte de Brachet, capitaine au régiment de mestre de camp général de cavalerie, avec brevet de lieutenant-colonel, et gentilhomme de la chambre de Monseigneur le comte de Provence.

x. Jean-Baptiste Brachet, chevalier, seigneur de Saint-Andeux, etc., ancien officier de cavalerie et chevalier de l'Ordre de Saint-Louis, épousa : 1° Marguerite de Chary, dont il n'a eu qu'une fille, Marie-Michelle, pour laquelle fut dressé un acte de tutelle en 1757. En 1758, il épousa : 2° Anne-Louise-Elisabeth de Chastenay de Gissey. Dans son contrat de mariage, il est qualifié de seigneur de Saint-Andeux, Ferrières, Joux en partie, Cusy, Montgazon. De cette seconde alliance naquirent neuf enfants, quatre garcons et cinq filles. Parmi ces dernières :

Marie-Césarine-Augustine,

---

(1) Il était titré comte de Brachet, capitaine au régiment de Frecessou-infanterie, en 1812 ; admis en 1736 dans la Chambre de la noblesse de Bourgogne, comme gentilhomme d'épée et non pas de robe, et avec qualité requise pour y avoir entrée et voix délibérative.

2

Marie-Michelle,

Catherine-Françoise,

Christine-Frédérique,

reçurent des mains de l'archevêque de Lyon, les 10, 11 et 12 février 1767, les brevets de chanoinesses-comtesses, dans le chapitre noble de Neuville.

Branche des seigneurs de Pérusse.

VI. — Guy BRACHET, titré baron de Pérusse, second fils de Gilles, seigneur de Magnac, par contrat du 24 janvier 1517, épousa Catherine d'Aubusson, fille de Jacques d'Aubusson, seigneur de La Borne et sénéchal de la Marche, conseiller, chambellan de Pierre, duc du Bourbonnais et d'Auvergne, pair et chambrier de France, et de Damienne Dupuy. (Le 23 janvier 1536, Guy et Claude, frères, Sgr de Pérusse et de Magnac, plaidaient contre Pierre d'Aubusson, seigneur de Villeneuve, fils de Louis, qui avait épousé Anne de Villequier, veuve de Joachim Brachet.) La dot de Catherine d'Aubusson s'élevait à 4,250 livres. Ils eurent pour enfants :

1° Jean, qui suit ;

2° Louis Brachet, seigneur de Seilloux, époux de Françoise de La Mothe, et mort sans enfants ;

3° Lionnet ou Léon, qui suit ;

4° Philippe, chevalier de Malte ;

5° Marie, épouse de M. Foucault de Bonnéval de Moissac.

VII. — Jean Brachet, seigneur de Pérusse, épousa par contrat du 7 novembre 1551, Marguerite Michelle de Crevant, fille de feu François, seigneur de Beauché, et de Marguerite d'Archiac. Crevant d'Humières a pour devise : *L'honneur y gît*. Les armes des d'Archiac sont : *de gueules à deux pales de vair, au chef d'or*. Au contrat ont signé : noble et religieuse personne, Frère Gabriel Brachet ; Frère Louis de Crevant, humble abbé de l'abbaye de Massai, diocèse de Bourges. La dot était de 7,000 livres.

Marguerite Michelle testa le 6 octobre 1564 et mourut le 5 avril 1565. Un bref avait été donné par le légat du pape, au sujet du quatrième degré de parenté, 1626.

En 1568, Jean Brachet épousa en secondes noces, Louise de La Mothe, fille de François de La Mothe, seigneur du Maslaurens (1), qui eut pour dot huit cent trente-trois écus et un tiers d'écu sol (2). Veuve de Jean, elle épousa Lionnet de Bridieux.

De son premier mariage avec Michelle de Crevant, naquirent :

1° François, époux de Françoise de Maillé, de Latour-Landry, fille de François et Françoise de Rohan, 1590 ;

---

(1) Et de Françoise de L'Estranges.
(2) Les 833 écus 1/3 d'écu furent payés comme il suit : 20 nobles à la rose d'or, 40 angélots d'or, 50 ducats d'or, 20 doubles ducats d'or Henri, 200 écus de Castille, 10 pistoles d'or, cent guarnes de testons et le reste en monnaie blanche.

2° Guy, qui suit ;

3° Léonard.

v. Gaspard Brachet, seigneur de Pormorant, fils de Gilbert et de Marie Tourzelle d'Alègre, épousa Marie Hennequin, et eut pour enfants :

1° Isabelle, mariée en 1568 à Pierre Briçonnet, seigneur de Cormes, l'un des cent gentilshommes de la maison du roi, et dont elle eut plusieurs enfants ;

2° Anne, qui épousa François L'Huillier, seigneur d'Interville. Leur fille Jeanne, épousa, le 5 février 1517, Etienne d'Aligre, chevalier, troisième du nom, seigneur de la Rivière, Chovilliers, la Forêts, la Lande, garde des sceaux et chancelier de France, mort en 1677. Ils eurent dix-neuf enfants, dont deux filles épousèrent, la première, Henri de Coffé, duc de Brissac, pair, etc., et l'autre, Louis Charles, duc de Luynes, pair, etc., fils de Charles, connétable de France.

viii. Guy Brachet, S^gr de Pérusse, de Saint-Disier, au château de Pérusse, paroisse de Chamfroy, en Poitou, épousa en 1594 : 1° demoiselle Diane de Maillé de Latour-Landry, chevalier de l'Ordre du roi, conseiller et chambellan des affaires de feu Mgr, fils unique de France, comte de Chateauroux, baron de Latour-Landry, S^gr des châtellenies de Bouymont, Qualber, la Cornouaille ; et de Françoise, dite Diane de Rohan, dame de Gillebourg, demeurant au château de Challier, en Berry, ressort d'Issoudun. Dot, 13,333 écus, tiers d'écu sol, faisant la somme de 40,000 livres. Sur ce, le comte paie à Guy de Pérusse, 300 écus pour bagues, dorures, habillements et autres joyaux de la future épouse. Guy a promis pareille somme, pour le même objet, sans compter les autres bagues et pierreries qu'il a données et dont le prix s'élève à 500 écus ; 2°, le 17 octobre 1605, il épousa Jeanne d'Aubusson, qui fut veuve en 1613. Il eut, de son premier mariage, pour unique enfant :

Isabelle Brachet, qui fut mariée, par contrat du 20 octobre 1611, 1° à François d'Aubusson, deuxième du nom, comte de La Feuillade (1) ; 2° à René Gaspard de La Croix, marquis de Castries, baron de Gordiège, gouverneur de la ville et citadelle de Montpellier, lieutenant général au gouvernement du Languedoc. Elle mourut en novembre 1638 ; elle avait eu de son premier mariage, trois enfants : 1° X ; 2° Gabriel Brachet d'Aubusson, nommé à l'abbaye de Chartreuve, le 28 novembre 1631, seigneur de Montaigu, par donation de Léonard Brachet, son grand-oncle, à condition de prendre le nom et les armes de Brachet, fut chambellan de Gaston de France, duc d'Orléans. Il fut tué à l'attaque du fort de Wal, pendant le siège de Saint-Omer, 1638 ; 3° François, duc de Rouennais, pair et maréchal de France, qui épousa, le 9 avril 1667, Charlotte Gouffier, fille de Henri, marquis de Boisi et d'Anne Henne-quin. Ils eurent pour fils, le 30 mai 1673, Louis, qui mou-rut sans postérité, le 9 janvier 1725 et fut enterré dans l'église des Théatins à Paris. Il avait été fait maréchal, cette même année. La terre et seigneurie de Pérusse,

(1) Il fut tué, le 1er septembre 1632, au combat de Castelnaudary, com-battant sous le duc de Montmorency.

léguée à Isabelle, grand'mère de Louis, par Catherine d'Aubusson, épouse de Guy, fut réclamée à titre de légitime héritage, par Annet-Bonaventure Brachet, cousin au cinquième degré.

VII. — LIONNET ou LÉON BRACHET, écuyer, seigneur de La Nouaille, épousa 1°, en 1562, Françoise de Coux, fille de Léon, S^{gr} du Chastenet (1); 2° en 1682. Antoinette du Mas, veuve de M^{ir} François de Joussenot, seigneur de Montantin. Il eut de son premier mariage deux enfants :

1° Louis, qui suit, né en 1567;

2° François, auteur du premier rameau des seigneurs de La Nouaille.

VIII. — Louis BRACHET, seigneur de La Nouaille, épouse, par contrat du 1er septembre 1603, Jacqueline de La Mothe, veuve du seigneur de Teyrac et de La Borne, le Sr Mathurin de Saint-Jullien. Elle était fille de Jacques de La Mothe, seigneur du Maslaurens, et de Françoise de Sens. En 1611, elle obtint du pape Paul V, une bulle qui reçut le visa de Mgr de La Marthonie, évêque de Limoges, et qui l'autorisait à se mettre en possession de tous les cens, rentes, biens, meubles et immeubles, or, argent, seigle, etc., provenant des successions de ses parents. Une

---

(1) Et de Constance de La Béchadie. Lionnet a 20,000 livres de légitime, et pour dot, sa femme lui apporte la terre et seigneurie de La Nouaille.

première bulle du pape Urbain VIII avait été accordée
pour dispense de parenté. Enfin elle testa en 1639, en
faveur de son fils, Annet. Dot, 18,000 livres.

IX. — ANNET BRACHET, écuyer, seigneur du Fot,
fils de Louis, chevalier, Sᵍʳ du Maslaurens, Croze, Hou-
teix, baron de Seilloux, épouse le 27 novembre 1630,
Anne de Limoges, dame de La Gorse-Beinac, fille de
Jacques de Limoges La Gorse-Beinac, chevalier, seigneur
du dit lieu de La Gorse, le Mesal, Floressac, Tourniac,
etc., et de Catherine de Hautefort, de Saint-Chamans. Elle
fut, avec sa mère, Catherine, l'unique héritière de son
père qui testa en sa faveur, en 1636. Ils eurent pour
enfants :

1° Éléonore, épouse de Louis de La Salle, seigneur de
Marzé (1);

2° Anne, religieuse au monastère de saint Bernard, de
Tulle;

3° François, chevalier de Malte en 1662, baptisé le
21 décembre 1644;

4° Gilbert, qui suit, né en 1638;

5° François, chevalier de Malte, 1660, capitaine de
cavalerie, tué au service du roi.

Le 26 août 1680, au château de La Gorse, Annet
testa comme il suit :

Néant à Eléonore qui a reçu sa dot. Anne a également

---

(1) Elle épousa en secondes noces Joseph de Lentilhac de Gimel, chevalier, baron de Felzin, de Saint-Bazile près d'Argentat, le 9 janvier 1683.

reçu au jour de sa profession, son aumône dotale, à François, chevalier de Malte, 25,000 livres, payables en fonds immeubles. Gilbert est reconnu héritier universel.

Le 1er juillet 1682, Anne de La Gorse de Limoges, testait à son tour ; elle donne à François, 15,000 livres ; à Anne-Gilberte, religieuse, en augmentation de son aumône dotale, la somme de 30 livres chacun an et si longuement qu'elle vivra. Enfin, elle fait son héritier universel, son fils aîné Gilbert, « à la charge par lui de porter mon nom et mes armes écartelées, qu'il mettra avec celles de mon dit feu sieur époux ; lorsqu'il passera divers contrats et autres actes importants, qu'il signe : de Brachet de Limoges ». Elle eut pour dot la moitié des biens paternels et maternels ; et, attendu que la terre de La Gorse était affermée pour trois ans, elle reçut en échange la jouissance de la terre et seigneurie de Floressac.

X. — Gilbert BRACHET, chevalier, seigneur de La Gorse, etc., capitaine au régiment du Roi-cavalerie, épouse en 1687, Catherine Descodeca, fille de Jean-Henri Descodeca de Boisse, Mis de Mauvezin, et de Marthe de Cominges (1) : de ce mariage naquit en 1688 :

XI. — Annet-Bonaventure BRACHET, marquis de Floressac, lieutenant général de la province de la Marche,

---

(1) Seigneuresse de Merville. Elle épousa, en secondes noces, Joseph de Lentilhac de Gimel, chevalier, baron de Felzin, Saint-Basile, près d'Argentat (9 janvier 1683).

chevalier, S^gr comte du Maslaurens, des Outeix, Selongettes, Croze ; résidant au Maslaurens, mais de présent à Paris (hôtel de Bourbon, rue des Petits-Champs), épouse, le 19 décembre 1710, Marie-Madeleine de Fay d'Athie, fille de M^ir Claude de Fay d'Athie, chevalier, seigneur, de Cilly, etc., chevalier de Saint-Louis, lieutenant général des armées de Sa Majesté et lieutenant général au gouvernement de la Haute et Basse-Marche ; et de feue Marie-Elisabeth Bézard Dot, 90,000 livres en avancement d'hoirie ; sur ce, M^ir de Cilly se démet en faveur du S^gr du Maslaurens, de sa charge de lieutenant général de la Marche, évaluée au prix de 50,000 livres. De ce mariage sont nés :

1° Gilbert-Claude, qui suit (14 octobre 1713) ;

2° Henri-Hector, seigneur de Cilly, ancien capitaine au régiment de Beaucaire-cavalerie ;

3° Charlotte-Armande, épouse de Gabriel d'Aureil de Tennaire, chevalier, seigneur, comte de Laudans.

XII. — GILBERT-CLAUDE BRACHET, de Pérusse (1), marquis de Floressac, brigadier des armées du roi, chevalier de l'Ordre militaire de Saint-Louis, exempt des gardes du corps de Sa Majesté, lieutenant général pour le roi, dans la Haute et Basse-Marche, demeurant au Maslaurens, mais de présent, rue Dauphine, paroisse de Saint-André-des-Arts, à Paris ; épouse, par contrat du

(1) Il mourut à Aubusson, le 5 juillet 1782, et fut transporté à Croze, le lendemain.

30 juillet 1760, demoiselle Anne-Nicole Dangé, fille mineure de feu Alexandre-Victor Dangé-Dorçay, intéressé dans les affaires du roi, et de demoiselle Françoise-Renée-Nicole Descrelinges, sa veuve, à présent épouse, en secondes noces, de maître Armand-Charles-Marie de Riencourt, commissaire ordinaire des guerres et tuteur de mademoiselle Dangé. Assistée de maître François-Balthazar Dangé, écuyer, seigneur de Guillemont, Bagneux, La Chanelle, Blanche, La Souneau, Le Fey, Grosley, Fouilleux, etc., et d'Anne Jarry, son épouse, sont convenus de ce qui suit :

De l'agrément et permission de Leurs Majestés, le Roi et la Reine, et honorés de la présence de Monseigneur le Dauphin et de Mme la Dauphine, de Mme Adélaïde, Mme Victoire, Mme Sophie, Mme Louise, Mme la marquise de Pompadour, M. le maréchal duc de Nouailles, M. le maréchal duc de Belle-Isle, M. le maréchal prince de Soubise, M. le maréchal duc de Biron, M. le comte de Florentin, M. Bertin, contrôleur général des finances, M. le duc et Mme la duchesse de Luxembourg ;

Et encore en la présence des sieurs et dames, parents et amis, ci-après nommés :

Du côté du futur époux :

M^ir Jean-Louis, marquis de Gimel, maître de camp de cavalerie, exempt des gardes du corps du roi, cousin ;

M^ir Louis-François du Poujet de Nadaillac, brigadier des armées du roi, enseigne et exempt des gardes du corps, cousin ;

M. Thibaud-François-Henri de Poil-le-Vilain, marquis

de Montaigu, lieutenant des gardes du corps, aide-major général du corps, allié ;

M. Germain-Hyacinthe de Romance, chevalier, seigneur de Plesmont, écuyer ordinaire du roi, commandant sa grande écurie ;

M^{ir} François, marquis de Fougières, lieutenant général des armées du roi et de la province du Bourbonnais ;

Dame Marie-Gabrielle de Fuchzamberg, épouse de M. le comte Moriolles.

De la part de la demoiselle future épouse :

M. Nicolas-Louis de Seretinges, écuyer, S^{gr} d'Epagny, oncle ;

M. Charles-François de Seretinges, écuyer, S^{gr} de La Bussière ;

Anne-Crespine de Seretinges, épouse de M^{ir} Pierre-Paul de Savary, chevalier, seigneur de Boutevilliers, tante ;

Monseigneur l'évêque de Limoges (Louis-Charles Duplessis-d'Argentré).

M. de Poux ; M. le chevalier de Menne ; M. Hérissy d'Estréhan.

La dot d'Anne-Nicole Dangé s'élève à 200,000 livres.

Fait et passé à l'égard du roi et de la reine et de la famille royale, au château de Versailles, le 22 juillet. A l'égard de Mme la marquise de Pompadour et de MM. les maréchaux de Nouailles, de Belle-Isle, de Biron, de Soubise et de M. le comte de Florentin, au dit château, le même jour ; à l'égard de plusieurs parties assistantes, en leur demeure, et à l'égard des parties contractantes et de plusieurs de leurs amis et parents, à Puteaux, en la maison de mon dit seigneur Dangé, où les témoins soussignés se sont transportés, le 30 juillet, sur les onze heures du matin, et ont signé la minute des présentes demeurée en l'étude de M⁰ Dutartre, notaire, 1760. De cette alliance naquirent :

1° Claude - Joseph - Alexandre, marquis de Brachet, lieutenant général de la Marche, capitaine de dragons au régiment de Languedoc (1764). Il assistait, le 16 mars 1789, à l'Assemblée générale des trois Ordres, tenue à Guéret;

2° Balthazar-Anne-Joseph, comte de Floressac, sous-lieutenant au régiment de Monsieur - infanterie (1770) 1ᵉʳ janvier ;

3° Anne-Henriette (1765) ;

4° Marie-Louise de Floressac (1767).

Une première, fille dite demoiselle de Floressac, née en 1761, mourut le 2 avril 1767.

XIII. — Balthazar-Anne-Joseph de FLORESSAC, marquis du Maslaurens, sous-lieutenant au régiment de Monsieur - infanterie, épouse en Thuringe, où il tenait campagne, dame Marie-Marguerite-Honorine Veret de Nanteuil-Audoin, par contrat du 10 février 1794. De cette alliance est né :

Victor-Joseph-Anne-Judith-Honorin.

XIV. — Victor - Joseph - Anne - Judith - Honorin, chevalier, comte du Maslaurens, officier dans les armées du roi, né à Erfurt en Thuringe, le 13 novembre 1795; épouse Adrienne Baudon de Mony, fille de François-Charles-Victor, comte Baudon de Mony, et de Claire-Victorine Barthélemy de Colchen.

De cette alliance sont nés :

1° Marguerite, épouse de M. le marquis de Labaume du Puy-Montbrun. Il eut pour enfants : Armand, Raymond, Marie, Marthe, Madeleine et Jeanne ;

2° Alexandre-Léopold-Auguste.

XV. — ALEXANDRE-LÉOPOLD-AUGUSTE, marquis de Floressac, né le 26 avril 1847, a épousé, le 29 avril 1879, Marie-Jeanne-Louise-Gabriel Le Vaillant du Douët, fille de Louis-Jules-Henri Le Vaillant du Douët et de Marie-Louise Préveraud de la Boutresse.

Rameau des seigneurs de La Nouaille.

VIII. — François Brachet, écuyer, seigneur de La Jalésie (second fils de Léon, seigneur de La Nouaille, et de Françoise de Coux), naquit en 1578. Il céda, en 1619, à Louis, son frère, ses droits sur les biens d'Isabelle Brachet, comtesse de La Feuillade, leur nièce en mode de Bretagne. En 1623, par acte passé devant Melchior de Quimquam, notaire royal et garde-notes héréditaire, au lieu de Courpallay-La-Grange, baillage de Melun, la vente des droits de François Brachet sur la terre et seigneurie de

Seilloux et sur les biens de la succession de feu Louis, son oncle, fut confirmée par François d'Aubusson et dame Isabelle Brachet, son épouse.

Le 23 janvier 1603, il épouse Catherine du Roi ; d'eux naquirent :

1° Louis, qui suit, né en 1610 ;

2° Etienne, S^{gr} de La Jalésie.

ix. — Louis Brachet, seigneur de Rebeyreix et de La Borderie, épouse, le 12 août 1635, demoiselle Isabeau Channeau, fille de Louis Channeau, écuyer, sieur de Rebeyreix. Ils ont pour enfants :

1° François ;

2° Jean, écuyer, prieur de Beissat ;

3° Jean, deuxième du nom, seigneur du Chaslard, mort jeune ;

4° François, seigneur du Boucheix ;

5° Léonard, seigneur de Larfeuille ;

6° Louis, chevalier de Rebeyreix, carme chaussé:

7° Joseph, seigneur de Villars, récollet ;

8° Hyacinthe, seigneur de Bussière, récollet ;

Plus six filles, parmi lesquelles :

Thérèse Brachet, religieuse de l'ordre de saint Benoît, à Brugeas,

ix. — Etienne Brachet, seigneur de La Jalésie, épouse, en 1631, Anne de Rousseau, de laquelle naquit :

x. — Dominique Brachet, seigneur de La Jalésie, qui épousa, en 1664, Marie de Sensillon, fille de Paul de Sensillon, seigneur de Marseys. Ils eurent pour enfant :

xi. — Etienne Brachet, seigneur de La Gorse, lequel est mort en 1734, laissant à Louise Aultier, dame de La Bastide, qu'il avait épousé en 1706 :

1° Louis, seigneur de La Gorse ;

2° Antoine, qui suit ;

3° Dominique, seigneur de Chateuil ;

4° Antoine, appelé le chevalier de La Gorse, brigadier des gardes du corps du roi ;

5° Elie, seigneur de Roffignac, etc.;

6° Raymond, maître de camp de cavalerie, sous-aide-major et enseigne des gardes du corps du roi, et chevalier de l'Ordre de Saint-Louis ; en 1789, maréchal des camps et armées du roi.

xii. — Antoine Brachet, chevalier, seigneur de La Bastide, marié en 1737 avec Catherine Le Cesne de La Chapelle ; il a eu de cette alliance :

xiii. — Louis Brachet, seigneur de La Bastide, garde du corps de Sa Majesté ; il a épousé en 1759, Marguerite Colomb, fille de Pierre, secrétaire du roi, et de Marie-Anne Garat, veuve en premières noces de M. Guibert, négociant. Plusieurs enfants sont nés de ce premier mariage. Il représenta son oncle Raymond à l'Assemblée générale des trois Ordres, tenue à Limoges, le 16 mars 1789.

x. — François Brachet, seigneur de Poussanges et de Rebeyreix, épouse demoiselle Claudie de Cardaillac. Ils ont pour enfants :

1° Antoine-Dominique, écuyer, prieur de Beissac ;

2° Joseph, chevalier, seigneur de Poussanges, résidant à Rebeyreix ;

3° Elisabeth, épouse de M^{ir} Louis de Salvert, écuyer, S^{gr} de Noissac.

x. — Léonard Brachet, écuyer, seigneur de Larfeuille, résidant à Felletin, épouse, par contrat signé Dessales, notaire à Felletin, Marie-Germain Lespine, habitant également Felletin. Ils eurent pour enfants :

1° Marie Brachet ;

2° Marie-Anne, qui épousa, par contrat du 28 novembre 1709, Claude de Courtilhe, fille de Marien de Courtilhe, écuyer, seigneur de Saint-Avit, du Trongis ou Trouzier, de Giat, etc., et d'Anne Musnier, veuve de noble Nicolas Tixier. Marie-Anne était morte le 27 juillet 1728, jour où, par acte signé Dessales, notaire à Felletin, Claude de Courtilhe dut, comme tuteur de ses enfants, régler pour la dot de sa femme, avec M^{ir} Antoine-Dominique Brachet, écuyer, chevalier, S^{gr} de Rebeyreix, paroisse de Poussanges, abbé commendataire du prieuré de Beissac, demeurant en son château de Rebeyreix et M^{ir} Joseph Brachet, chevalier, S^{gr} de Poussanges.

Cette généalogie est, en grande partie, la reproduction du travail de M. Beaujon, avocat général, généalogiste des Ordres du roi, et en cette qualité, commissaire nommé par Sa Majesté, à l'examen des preuves de noblesse des personnes qui aspirent aux honneurs de la cour.

L'étude comparée de nombreux documents nous a permis de corriger quelques inexactitudes qui s'étaient glissées dans l'énumération des membres de ces multiples générations. D'autre part, cette œuvre très complète relativement au but proposé, laissait subsister de nombreuses lacunes à l'endroit des membres de la famille ; nous avons essayé de les combler en restituant aux branches collatérales trop négligées, la place qui leur appartient. Enfin, nous avons pu continuer jusqu'en nos temps, une généalogie, qui prenait fin en l'année 1759.

ARMOIRIES

FIEFS ET TERRES SEIGNEURIALES

DE LA

MAISON DE BRACHET

le marquis de Brachet a pour armes : *d'azur, à deux chiens braques d'argent, passant l'un sur l'autre.* Nous les retrouvons presque à l'origine de cette maison :

« 31 mars 1427, Jacques Brachet, S^gr de Magnac, déclare avoir reçu cent livres tournois, que les gens des Trois-Etats lui ont adjugées, pour voyage et frais relatifs aux affaires du pays. » Le reçu est scellé de son sceau — scellé en cire vermeille, sur simple queue de parchemin ; d'un sceau représentant un écu panché, écartelé au 1er et 4e, de deux chiens passans l'un sur l'autre ; au 2e et au 3e, d'un lion rampant ; l'écu surmonté sur la pointe senestre d'un casque posé de profil et soutenu par deux hommes. On lit autour du sceau : ..... BRACHET ... Le surplus de la légende est cassé. » (Nous, soussigné, garde des titres et des généalogies de la Bibliothèque du roi, certifions la copie ci-dessus.... conforme à l'original en parchemin conservé dans notre département.) 2 avril 1772. DELACOUR.

Les principaux fiefs possédés par la maison Brachet sont :

Magnac, Pérusse, Salaignac, Montaigu, La Gorse, Seilloux, La Faye, Saint-Vaulry, Tonneins, Fontbusseau, Segonzat, Meilhac, Hautefort, La Tour, Charroux, La Borne, Le Dougnon, Tourrégnes, Grateloux, Galopian, La Gruyère, Le Monteil, Palluau, Saint-Dizier, La Noailles, Floressac, Saint-Avit, Villars, Béloudières, Villegonier, La Jalésie, Le Fot, Les Outeix, Selongettes, Le Maslaurens, Larfeuilles, Le Chaslard, Rebeyreix, Bussière, Roffignac, La Bastide, Poussanges, La Borderie, La Roche-Bourdeuilles, Magny, Andheux, Ferrière, Joux, Saint-Germain-de-Modéon, Montgazon, etc., etc.

PÉRUSSE

Paroisse de Champroi, canton de Bénévent (Creuse)

Luce, dame de Pérusse, épousa, entre 1171 et 1216, Aimeric VI, vicomte de Rochechouart, auquel elle porta en dot la terre de Pérusse. — Aimeric IX, vicomte de Rochechouart, leur arrière-petit-fils, acquit de son neveu, Guillaume de Rochechouart, Sgr de Mortemart, la ville et châtellenie de Pérusse, moyennant 5,000 sols de rente, peu après l'année 1264. — Agnès de Rochechouart, fille d'Aimeric IX, épousa Pierre de Naillac, auquel elle apporta : Salaignac et Montaigu, et 50 livres de rente sur

Pérusse, dont son frère Guy de Rochechouart était seigneur.

Jeanne de Naillac, leur petite-fille, dame de Pérusse, Salaignac et Montaigu, fut mariée à Richard de Comborn, S^gr de Treignac, dont elle n'eut pas d'enfants.

Jean Brachet, époux de Marie de Vendôme, lui succéda comme étant son plus proche héritier, 1391. La terre de Pérusse fut possédée pendant plus de deux cents ans par sa postérité. — Isabeau Brachet, issue de Jean au 7e degré et épouse de François d'Aubusson, S^gr de La Feuillade, est dite baronne de Pérusse en 1611.

MONTAIGU (Saint-Vaulry)

Même origine que Pérusse. Ce fief est échu à Jean Brachet, par Jeanne de Naillac; il l'a cédé à Jacques, époux de Marguerite de Sully; il a passé successivement à Mathurin, puis à Joachim, puis à François, époux de Françoise de Vayres, lequel l'a légué à son unique héritier, René, époux de Jeanne d'Aubusson, et dernier membre de la branche de Montaigu. — Dès l'année 1556, le dit René, esprit léger et dissipateur, passe un contrat de vente de la terre de Montaigu, à Claude de Villequier, S^gr de La Guierche; ce contrat n'eut son effet définitif qu'en 1585.

SALAIGNAC

Salaignac, aussi bien que Pérusse, était un fief relevant de la maison de Rochechouart. Par échange fait avec son oncle en 1488, Guillaume de Rochechouart, Mortemart obtint les seigneuries de Pérusse et de Salaignac, dont ses ancêtres étaient en possession depuis l'an 1242. — Il paraîtrait qu'en 1433, la seigneurie de cette terre était divisée. Nous trouvons à cette date une ratification de vente par M^{ir} Jean de Morbreuilhe, S^{gr} de Chabannes, à noble et puissante dame Marie de Vendôme, « de toute la terre, baillie, cens et rentes et autres devoirs de la châtellenie de Salaignac, par 400 écus d'or ou réaux, du poids chacun de trois deniers, du coin du roi, et de 64 au marc. Marie de Vendôme légua à sa fille Catherine, épouse : 1° de Poton de Xaintrailles, la terre et le château de Salaignac. Après la mort de Catherine, Jean d'Estuer, son deuxième mari, légua à Joachim Brachet, S^{gr} de Montaigu, la terre de Salaignac, ainsi que les meubles et immeubles que possédait Catherine dans les sénéchaussées de la Marche et du Limousin. Cette terre échut à François, époux de Françoise de Vayres, qui la laissa à René, S^{gr} de Montaigu. Ce dernier, vers l'an 1575, vendit Salaignac au maréchal de Retz. L'acquéreur, effrayé des dettes qui grevaient cette terre, l'échangea pour celle du Dougnon. Après la mort de René, 1576, la possession de Salaignac devint, pour les héritiers à bénéfice d'inventaire, la cause de plusieurs procès.

LE SEILLOUX

Cette seigneurie provient de Catherine Brachet, épouse de Poton de Xaintrailles. Dans le partage fait entre ses neveux, Seilloux échut à Gilles, époux de Charlotte de Tranchelyon, 1442. Celui-ci la céda à son fils Guy, époux de Catherine d'Aubusson, et par lui à Jean, fils de Guy, époux de Michelle de Crevant. En 1580, elle passe entre les mains de Jean le jeune, frère puîné du précédent. Ce dernier n'ayant pas eu d'enfants, l'immeuble passa en la possession de Louis, époux de Françoise de La Mothe, qui la céda à sa petite nièce Isabelle, épouse de François d'Aubusson. De là, l'héritage fut transmis, par la cession des droits d'Isabelle, à François de Brachet, S^{gr} de La Jalésie, qui à son tour y renonça, au profit de son frère Louis, époux de Jacqueline de La Mothe, moyennant une reconnaissance de 2,000 livres, faite à son avantage. Louis Brachet, S^{gr} de Seilloux dès 1618, 1623, mit en possession de cette terre son fils Gilbert, dernier tenant de cette seigneurie. Son fils Annet-Bonaventure, qui hérita de la moitié des biens paternels, n'a jamais pris le titre de seigneur de Seilloux.

NOAILLES

Paroisse de Bersac, en Limousin.

On trouve, en 1440, Jean de Combarel, père de Hugues, évêque de Tulle, de Béziers, de Poitiers ; il est dit écuyer, S^{gr} de Noailles. François de Combarel, chevalier, S^{gr} de Montaigu-le-Blanc, eut de Jacquette des Monts : 3° Léone, mariée à Jean Brachet, lequel, en 1469, acheta du dit de Combarel, son beau-père, le fief de Noailles. Jean Brachet, n'ayant point laissé de postérité, nous ne saurions dire les possesseurs immédiats de cette terre. Mais, en 1530, cette seigneurie est acquise par Georges de Coux du Chastenet.

Quand il mourut, vers 1562, le fief de Noailles échut en héritage à Lionnet Brachet, par son alliance avec Françoise de Coux du Chastenet, fille de Georges. — Lionnet transmet ce domaine à son second fils François, qui forma le rameau des seigneurs de Noailles. — En 1631, Etienne, second fils de François, est dit S^{gr} de Noailles. Le contrat de mariage de d^{lle} d'Escodéca de Boisse avec Gilbert Brachet, donne à ce dernier le titre de S^{gr} de Noailles (1687).

LA GORSE

Ce fief descend de Geoffroi de Limoges, chevalier, 1557. Le mariage d'Annet Brachet avec Anne de Limoges de La Gorse-Beynac le mit en possession de cette seigneurie. En 1707, Gilbert Brachet est dit marquis de La Gorse, et en 1762, on trouve, avec le titre de capitaine de cavalerie, Antoine de Brachet de La Gorse.

Le château de La Gorse était situé dans les environs de Tulle.

LE PALLUAU

Cette seigneurie fut acquise en partie par Claude Brachet et Anne de Couignau, son épouse, dans un acte de vente fait en 1550, par noble Claude Defraigne. Cet héritage passa à son fils Claude, époux en 1572 de Françoise de Prie, puis à son petit-fils, Gilles, époux en premières noces de Marie Dupuy de Cenan, 1611. Gilles le transmit à son fils François, époux de Marguerite de Villars, 1630. Le dernier titré fut Gilles Archambault, fils du précédent et époux de Jacqueline L'Espicier, 1675.

LA BORNE — LE DOUGNON

Avec les seigneuries de La Feuillade et du Monteil-au-Vicomte, celle de La Borne fut donnée au xiiie siècle à Ranulfe, deuxième fils de Raynaud VI d'Aubusson, qui fait la branche des seigneurs de La Borne. Elle était la première baronnie de la Marche. Les tombeaux de ses seigneurs se trouvaient dans une chapelle de l'église de Blessac, qu'on a démolie pour faire le chœur destiné aux religieuses de Fontevrault. Cette baronnie a été possédée successivement par Guy d'Aubusson, Jean, Rénaud, Guy, deuxième du nom, mort sans enfants, 1373, Jean, frère du précédent. Jean, deuxième du nom, est dit Sgr de La Borne et du Dougnon; il avait épousé, en 1394, Marguerite Chauveronne, dame du Dougnon, paroisse du Châtenet, près Bourganeuf. Jean d'Aubusson, troisième du nom, Sgr de La Borne et du Dougnon, vivait en 1453. Jacques, Sgr de La Borne et du Dougnon, épousa 2° Damiane du Puy et eut pour enfant 5° Catherine, mariée à Guy Brachet, Sgr de Pérusse. Charles, fils de Jacques, Sgr de La Borne et du Dougnon, époux de Jeanne de Montal, dont : Jeanne d'Aubusson, dame de La Borne et du Dougnon, épousa, en 1539, René Brachet, Sgr de Montaigu-le-Blanc. Jeanne, n'ayant pas eu de postérité, légua en 1569 les seigneuries de La Borne et du Dougnon, à Joseph de Saint-Julien,

S^{gr} de Saint-Marc, à condition qu'il épouserait Anne Dupuy, deuxième fille de Philippe, S^{gr} de Saint-Valérien et qu'il porterait le nom et les armes de la maison d'Aubusson ; cette donation provoqua un long procès, qui finit par une transaction entre les intéressés. Saint-Julien fut maintenu S^{gr} de La Borne ; Le Dougnon échut à René Brachet, qui, en 1575, le vendit au maréchal de Retz.

REBEYREIX (1)

Ce fief appartenait à Louis Channeau, écuyer, S^{gr} de Poussanges. Louis Brachet de La Noailles en prit possession par son mariage avec Isabelle Channeau en 1667. La terre de Rebeyreix échut à Louis Brachet, carme chaussé ; il était dit chevalier de Rebeyreix ; puis à son frère aîné François, époux de Claude de Cardaillac. C'est probablement de ce dernier que la seigneurie a passé vers le milieu du XVIIIᵉ siècle à la famille Roy-de-Pierrefitte, dans la personne de Pierre Roy, du Marceleix.

SELONGETTES — LE MAZEAU — LES OUTEIX LE FOT

Les deux premières seigneuries sont de date très ancienne, la propriété de la maison de La Roche-Aymond,

(1) Rebeyreix fut cédé en échange, 1629, par Mᵉ Claude de Saint-Aignant, à Louis Chouneau, S^{gr} de Chartres. En 1633, L. Chouneau dresse un dénombrement de la terre de Rebeireix. En 1669, le sieur Brachet rend foi et hommage au Sieur de Raupon, trésorier de France à Moulins, de sa maison de Rebeyreix. Cette terre contenait quatre domaines : Rebeyreix, Larbre, Larfeuil, Genivaix.

si nous en croyons une reconnaissance de 1509, faite par cette famille aux communalistes de Beaumont et qui affectait la terre de Selongettes. Si, en 1660, Gilbert Brachet acquitta la redevance, c'est qu'il venait d'échanger deux propriétés du Berry, à lui appartenant, pour ces deux domaines. — *Le Mazeau,* après arrangement de famille en 1693, passa des mains de Gilbert, S^gr du Maslaurens, à son frère François de Pérusse, demeurant au château de Puy-Barbaud, en Berry. — *Les Outeix* relevaient, en 1477, de Jacques Rouchet, écuyer, S^gr des Outeix. — En 1623, Jean de Lestranges, allié aux La Mothe, est dit S^gr des Outeix. Musnier de Fressanges en devint possesseur et céda cette terre à M. Brachet de La Gorse par acte de vente. Cet acte fut attaqué par les héritiers du S^gr de Fressanges et le sieur Brachet en fut reconnu légitime propriétaire, moyennant une rente annuelle de 475 livres. — *Le Fot,* à la date de 1574, relevait de Jacques de La Mothe, écuyer, S^gr du Maslaurens, et de demoiselle *Lejeune* (?) dite dame du Fot. (paroisse de Saint-Amand, près d'Aubusson).

MASLAURENS

En 1485, ce fief appartenait à Jacques Mourin, S^gr d'Arfeuilles. En 1418, Gilbert de La Mothe, qui doit être originaire de Mérinchal, comme l'est la famille des Mourin, épousa Catherine de Faydet, fille de Jean, S^gr de Tersac. Dès l'an 1506, François, époux d'Anne de Rochefort, possédait la seigneurie du Maslaurens. Cette possession s'est continuée jusqu'en 1603, où elle a passé à la maison de Brachet par une troisième alliance de cette famille, dans la personne de Louis de Brachet, S^{gr} de La Noailles, époux de Jacqueline de La Mothe. Celle-ci était veuve de Mathurin de Saint-Julien, S^{gr} de Toirac et de La Borne. C'est ce seigneur qui fut tué en 1591 au château du Maslaurens, comme ligueur, par les partisans de Henri IV. Jacqueline de La Mothe, héritière de la seigneurie du Maslaurens, la transmit par acte testamentaire à son fils, Annet de Brachet, qui s'en démit en 1669 en faveur de son fils Gilbert. Par Annet-Bonaventure, par Gilbert-Claude, le fief est échu à Claude-Joseph-Alexandre, qui en a été dépouillé par la Révolution de 1793. La terre a été rachetée à deux propriétaires, les 21 août et 9 octobre 1868, par madame Adrienne Baudon de Mony-Colchen, veuve de Victor-Joseph-Henri de Brachet, et le château reconstruit par M. Alexandre de Brachet, époux de Mlle Marie du Douët, et dernier possesseur du Maslaurens.

FLORESSAC

Dès 1540, ce fief relevait de la famille Beynac (Quercy). Nous trouvons : 1° un extrait de dénombrement fait le 15 août 1540 par noble Jean Beynac, coseigneur de Floressac, des fiefs, arrière-fiefs, cens, rentes, biens nobles et autres droits et devoirs seigneuriaux qu'il possédait dans la présente sénéchaussée du Quercy.

En 1572, hommage fait à Sa Majesté, par noble Arnaud de Beynac, S^{gr} de Floressac, de la dite seigneurie, entre les mains de feu M^{tr} de Berague, conseiller du roi en son privé, garde des sceaux de Sa Majesté.

1597, acquisition par le S^{gr} de Floressac, des commissaires dépêchés par Sa Majesté, de la justice haute, moyenne et basse de la seigneurie de Floressac.

1598, mise en possession du droit de domaine acquis de Sa Majesté, en conséquence du contrat d'acquisition.

De la famille Beynac, le fief est passé à la maison de Limoges-La Gorse, par l'alliance de Gilbert de Limoges avec Jeanne de Beynac. Jacques de Limoges, fils de Gilbert, fut dit S^{gr} de Beynac, de La Gorse et de Floressac ; il épousa Catherine de Hautefort. D'eux naquit, entre autres enfants, Anne, qui, en 1630, se maria avec Annet de Brachet, fils de Louis et de Jacqueline de La Mothe, et avec plusieurs autres terres, apporta à sa nouvelle famille la seigneurie de Floressac. Annet Brachet légua cet héritage à son fils Gilbert, qui obtint du roi, en l'année 1704, l'érection de cette terre en marquisat. Ce privilége royal ne fut enregistré par la chambre des comptes qu'en 1783.

Le dernier descendant de cette famille, M. Alexandre de Brachet, est dit marquis de Floressac.

MAISON DE BRACHET

E Vendôme, de Xaintrailles, de Rochechouart, d'Estuer, de Sully, d'Aubusson, de Pontville, de Lévy, de Crevant, de Tourzelle d'Alègre, de Ville-quier, de Crevant, de Château-Morand, de Combarel, de Tran-chelyon, du Bois-de-Chabanet, de Blanchefort, de Lestranges, de Couignau, de Prie, de Latournelle, de Bonneval, de Maillé-de-la-Tour-Landry, du Puis de Génan, de La Grange d'Arquien, de Choiseuil, de Villars, Prévot de Saint-Cyr, de La Mothe, du Mas, de Coux du Chastenet, de Limoges de La Gorse-Beynac, de Briçonnet de Cormes, de Lhuillier d'Inter-ville, de La Croix de Castries, de Joussenot de Montantin, de La Salle du Marzé, de Charry, d'Escodéca de Boisse, de L'Espicier, de Lentilhac de Gimel, d'Aultier de la Bastide, de Hautefort, de Courtenay, de Fay d'Athie de Cilly, de

Dangé-d'Orçay, d'Aureil de Ternaire de Laudans, du Roy, de Sensillon de Marsays, Le Cesne de la Chapelle, de Cardaillac, de Courtilhe de Saint-Avit.

Nous ne saurions faire sur chacune de ces familles une étude généalogique ; sans dépasser les limites de ce travail, sans en méconnaître le but, il nous suffira de suivre les multiples courants qui, partis de sources diverses, viennent affluer à ce grand fleuve, dont nous avons parcouru tous les méandres.

AUBUSSON

Les vicomtes d'Aubusson tirent leur nom de la ville d'Aubusson, dans la Marche, dont ils étaient vicomtes. Cette maison, de laquelle sont sortis un grand-maître de Rhodes et cardinal, un archevêque d'Embrun et évêque de Metz, un évêque de Limoges, deux de Tulle, un de Conserans, un abbé de Saint-Martial de Limoges, deux maréchaux, ducs et pairs de France, un commandeur et un chevalier du Saint-Esprit, est l'une de celles dont on prouve le mieux l'ancienneté, puisque par des titres elle paraît déjà illustre dès la fin du ix\ siècle : Ranulphe, frère aîné de Turpin, évêque de Limoges en 898, fut établi vicomte de cette partie du Limousin qu'on appelle la Marche, par le roi Eudes, en 888 (*Tabl. histor.*, 4\ partie, page 300).

La Feuillade est une seigneurie de l'ancien domaine des vicomtes d'Aubusson ; elle fut donnée en partage, dans le xiii\ siècle, avec celle de La Borne et de Monteil-au-Vicomte, à Ranulfe, deuxième fils de Reynaud VI.

D'Aubusson porte : *d'or, à la croix de gueules ancrée ou nillée.*

Branche des seigneurs de La Borne,

Qui est la première baronnie de la Marche.

XVI. — I. — Ranulfe d'Aubusson, fils puîné de Renaud, vicomte d'Aubusson; fut S^{gr} de La Borne, Monteil-au-Vicomte, La Feuillade, Pontarion, Les Poux; il épousa Séguine de Pierrebufière, dont : 1° . . . . . .; 2° Guillaume.

II. — Guillaume, chevalier, S^{gr} de La Borne, épousa Guillelme de La Borne; d'eux naquit :

III. — Renaud, chevalier, S^{gr} . . . . épousa Marguerite . . . . . .; dont :

IV. — Guy, S^{gr} de La Borne, épousa Marguerite de Ventadour; il servait en 1356. Les Anglais l'ayant pris dans son château du Monteil, l'emmenèrent avec sa femme et ses enfants, après avoir fait de grands dégâts dans cette terre. Forcé de payer une rançon de 3,000 florins pour obtenir sa délivrance, et, ne pouvant la donner, il mourut prisonnier de guerre des Anglais, avant 1367 : il eut pour enfants : 1° . . . . . .; 2° . . . . .; 3° Jean.

V. — Jean, chevalier, S^{gr} . . . . . .: épousa Guyonnette de Monteruc, fille d'Etienne, neveu par sa mère du pape Innocent VI et de Madeleine de Mauleco; D'eux sont nés : 1° Jean qui suit; 2° Raynaud, chef de la branche du Monteil-au-Vicomte; 3° Guillaume, duquel descendent les seigneurs et ducs de La Feuillade.

vi. — Jean, S^gr de La Borne et du Doignon, fut reçu le 23 octobre 1439 chevalier du camail, ordre institué par les ducs d'Orléans ; il avait épousé, en 1394, Marguerite Chauveron, dame du Doignon, fille d'Audoin, prévôt de Paris, dont :

vii. — Jean, S^gr de La Borne, Doignon, Aleirac, chambellan du roi, épousa, en 1432, Agnès, dame de Champaignolles, fille d'Olivier, S^gr de Saint-Georges, et de Catherine de Rochechouart, dont il eut :

viii. — Jacques, S^gr de La Borne, Doignon, Aleirac, La Farge, Chavaignac, sénéchal de la Marche, conseiller et chambellan du duc du Bourbonnais. Il avait épousé : 1° Jeanne de Vivonne ; 2° Damiane du Puy, dont il eut : 1° Charles, qui suit ; 2° Jean, doyen de la Chapelle-Taillefer, 1525, et prieur de Blessac, 1540 ; 3° Marguerite, alliée à Déodat de Saint-Julien, S^gr de Saint-Marc et des Écurettes ; 4° Jeanne, mariée à Foucaud de Pierrebuffière, 1490 ; 5° Catherine, mariée à Guy de Brachet, S^gr de Pérusse, dont elle était veuve en 1553.

ix. — Charles, S^gr de La Borne, du Doignon, épousa, en 1525, Jeanne de Montal, fille d'Aimeri et de Jeanne de Balzac. Une généalogie manuscrite, dressée en 1657 par Pierre Robert, porte que les galanteries de cette dame, pour lesquelles son mari l'avait maltraitée, furent cause de sa mort. Ils eurent pour enfant : Jeanne. Celle-ci étant sous la tutelle de sa mère, le roi François Ier ordonna qu'elle serait mise entre les mains de Raoul de Coucy, S^gr de Vervins, qui l'épouserait, quand elle serait nubile, mais cette alliance ne se fit pas…… *Devenue majeure, Jeanne épousa, en 1539, René Brachet, S^gr de Montaigu-le-Blanc, dont elle n'eut point d'enfants.*

La branche des barons de La Borne finit en Charles d'Aubusson en 1580, et ses biens furent possédés par les Sgrs de Saint-Marc, Saint-Georges et religieuses de Blessac.

Branche des seigneurs du Monteil-au-Vicomte

XVII. — Renaud, deuxième fils de Jean, premier du nom, Sgr du Monteil, Pelletanges et Pontarion, épousa Marguerite de Comborn, en 1412, dont il eut : 1° Antoine, qui suit ; 2° Hugues, évêque de Tulle, 1451 ; 3° Louis, élu et confirmé évêque de Tulle, 1466 ; 4° Guichard, conseiller au Parlement et successivement évêque de Conserans, Cahors, Carcassonne ; 5° Pierre, grand-maître de Rhodes et cardinal ; 6° Souveraine, mariée à Guy de Blanchefort, de la maison de Comborn ; 7° *Marguerite, seconde femme de Mathelin Brachet, Sgr de Montaigut, bailli de Troyes et sénéchal du Limousin ;* 8° Catherine, abbesse de la Règle à Limoges, 1461.

XVIII. — Antoine d'Aubusson, chevalier, Sgr du Monteil, Pontarion, Pelletanges (homme très illustre, dit Baluze), était embassadeur du roi de France à la cour de Rome, 1456. Cette même année, il fit bâtir à Tours, dans l'église des frères mineurs auxquels il était fort dévoué, une belle chapelle en l'honneur de saint Bernardin. Il fut bailli d'Anjou, de Touraine, 1451, puis du pays de Caux en Normandie ; il servit le roi Charles VII contre les Anglais et les Bourguignons..... En 1480, il mena à ses dépens plus de trois mille hommes pour secourir son frère, grand-maître de Rhodes, qui le fit général de ses troupes, honneur dont il se rendit digne par sa valeur. Il épousa : 1° Marguerite de Villequier, dame d'honneur de la reine. Il en eut : 1° Marie, épouse de Guy d'Arpajon, S^{gr} de Caumont ; 2° *Louise, alliée à Jacques de Rochechouart, S^{gr} du Bourdet et de Charroux, fils de Geoffroy et d'Isabelle Brachet.*

Branche des seigneurs, comtes et ducs de La Feuillade

XVII. — I. — Guillaume d'Aubusson, troisième fils de Jean, premier du nom, épousa Marguerite-Hélie, fille de Gulfier, S^{gr} de Villac en Périgord. Il eut d'elle : 1° Louis.

II. — Louis, S^{gr} de La Feuillade, gouverneur de Guise, pour Jean d'Armagnac, épousa, *le 28 décembre 1473, Catherine de Rochechouart, fille de Geoffroy et d'Isabeau Brachet ; elle était veuve en 1506 ;* d'eux naquirent :

III. — Jean, chevalier S^{gr} de La Feuillade, Villedieu, Gentioux, épousa, en 1506, Jeanne, dame du Vouet, en Poitou ; d'eux naquirent : 1°......; 2°........

IV. — Jean, qui épousa en 1538, Jacqueline de Dienne, dont :

V. — 1° François, qui suit ; 2° Jeanne ; 3° Gabrielle, mariée en 1555 à Jean de Saint-Julien, S^{gr} de Saint-Marc ; 4° Anne, qui épousa en 1561 Honoré de Lage, S^{gr} de Puylaurens ; François, chambellan du duc d'Anjou, 1580, épousa Louise Pot, fille de Jean, S^{gr} de Chaimaux et de Rhodes, maître des cérémonies de France, et de Georgette de Balzac ; d'eux naquirent : 1° Georges, qui suit ; 2°, 3°,. 4°, 5°, 6°, 7°, 8°, 9° .... 10° *Jeanne, mariée le 17 octobre 1605 à Guy Brachet, S^gr de Pérusse, chevalier des ordres du roi.*

VI. — Georges, chevalier de l'ordre du roi, maréchal de camp, en faveur duquel la baronnie de La Feuillade fut érigée en comté, épousa en 1596 Jacqueline de Lignières ; d'eux naquit entr'autres François.

VII. — François, deuxième du nom, comte de La Feuillade, fut élevé enfant d'honneur du roi Louis XIII, chambellan de Monsieur, duc d'Orléans, maréchal de camp des armées du roi. Il fut tué à la première décharge de la bataille de Castelnaudary, 1er octobre 1632, en suivant le parti de Montmorency. Le 15 décembre suivant, le Parlement de Toulouse déclara, à la réquisition du procureur général, tous les biens de La Feuillade acquis et confisqués au roi. Le maréchal fut exécuté en effigie, pour le fait du duc de Montmorency, et le 8 janvier 1633, René de Voyer d'Argenson, intendant de la Marche et du Limousin, eut commission de faire démolir et raser le château d'Aubusson. *Il épousa, 24 septembre 1611, Isabeau Brachet, fille unique de Guy, S^gr de Pérusse, de Montaigu, et de Diane de Maillé de La Tour-Landry ; d'eux naquirent :* 1° Léon, comte de La Feuillade, lieutenant-général des armées du roi et lieutenant au gouvernement de l'Auvergne, tué à la bataille de Lens, 1647. Le marquis de La Feuillade, colonel d'infanterie, tué à la bataille de Marsée, 1641 ; 2° Georges, archevêque d'Embrun, puis évêque de Metz, commandeur de l'ordre du Saint-Esprit, 1661 ; 3° Gabriel, marquis de Montaigu, premier chambellan de Monsieur, duc d'Orléans, tué au siège de Saint-Omer, à l'attaque du fort de Wal, 1638 ; 4° Paul, chevalier de

Malte, tué au siége de Mardick, 1646 ; 5° François, qui s'illustra par sa valeur guerrière, dont l'histoire est tout un poème. Il acquit du roi, par échange, la vicomté d'Aubusson, pour laquelle il lui céda la seigneurie de Saint-Cyr, près Versailles (j'ai raconté avec détails cet échange dans : *Felletin aux* xvii° *et* xviii° *siècles*); 6° Marie-Elisabeth, abbesse de la Règle à Limoges ; 7°, 8°, 9°, 10° Marie, Thérèse, Claudine-Elisabeth et Anne, religieuses en divers couvents.

ESCODÉCA DE BOISSE

Le premier seigneur de cette maison qui soit connu est Isard d'Escodéca, damoiseau et S^{gr} de Boisse. Il vivait en l'an 1066. On ne trouve ses descendants qu'en 1298.

i. — Elie d'Escodéca, damoiseau et cavalier, S^{gr} de Boisse, marié en 1298 avec Toinette des Remandes, eut 1° Isard, qui suit ; 2° Béatrix, mariée en 1310 à Bos de Rochefort.

ii. — Isard, marié : 1° en 1314 avec Oudris Pagna ; 2° en 1318 avec Guillelme de Rochefort, fille de Pierre, de laquelle il eut : 1° Isard, qui suit ; 2° Bertrand ; 3° Elie ; 4° Béatrix.

iii. — Isard, marié en 1335 avec Marguerite de Rochefort, fille de Bos, dont il eut :

iv. — Isard, marié 1° à Alix de Biron ; 2° à Sibille Castelnaux; il eut d'Alix : 1° Jean ; 2° Gaston ; 3° Esclarmond, tous morts sans enfants ; 4° Elie.

v. — Elie, épousa en 1360 Gallienne de Samoniac, dont : 1° Isard, qui suit ; 2° Alquier ; 3° Laconie.

VI. — Isard, épousa demoiselle Begnac, dont : 1° Isard, qui suit ; 2° Marguerite ; 3° Catherine.

VII. — Isard, épousa Marie de Caumont, dont : 1° Pierre, qui suit ; 2° Jean ; 3° Armand ; 4° Jean, S^gr de Naillac.

VIII. — Pierre, épousa demoiselle de Lougna, dont : 1° Raymond ; 2° Mathurin ; 3° Hélène ; 4° Françoise.

IX. — Raymond, marié à Jeanne de Montferrand, eut d'elle : 1° Bertrand ; 2° Mathurin ; 3° Jean ; 4° Pierre ; 5° Catherine ; 6° Hélène ; 7° Jeanne ; 8° Pérette ; 9° Marguerite.

X. — Bertrand, épousa Marguerite de Caumont, dont : 1° Armand, époux de Marguerite de Ségur, dame de Théobon, et mort sans postérité ; 2° Jean, qui suit ; 3° Geoffroi, décédé sans enfants ; 4° Godefroie ; 5° Charlotte ; 6° Marie, mariée à Gaston de La Lande ; 7° Hélène-Jeanne, épouse de Pierre d'Apremont.

XI. — Jean, époux de Marguerite d'Apremont, eut pour enfants : 1° Armand, qui suit ; 2° Jean ; 3° François ; 4° Pierre, qui suit, S^gr de Pardaillan ; 5° Hélène ; 6° Catherine.

XII. — Armand, héritier de son oncle Armand, épousa Jeanne de Boursolles, dont : 1° Marguerite, mariée à M^lr Henri de Caumont, S^gr de Castelnau, fils de Jacques Nompar de Caumont, S^gr de La Force, duc, pair et maréchal de France, et de Charlotte de Gontaud-Biron ; 2° Marie.

XII. — Pierre, S^gr de Pardaillan, épousa Marie de Ségur, dont : 1° Armand ; 2° Louis ; 3° Hector ; 4° Jeanne, épouse de Louis de Rochefort, marquis de Théobon ; 5° Jeanne, dame de Lusignan.

XIII. — Armand, épouse Victoire de Bourbon-Malause, dont d'Escodéca de Pardaillan, capitaine de cavalerie, tué à la bataille de Senel.

XIII. — Hector, épousa Lhéritière de Léobard, dont :
1° Jean-Henri; 2° Claude; 3° Marie.

XIV. — Jean-Henri, épousa Marthe de Comminges,
dont : 1° Jean-Bonaventure; 2° Catherine; 3° autre fille.

XV. — Jean-Bonaventure, épousa Jeanne de Caseneuve.

XV. — *Catherine épousa en* 1687 *Gilbert Brachet, chevalier, S*^gr *de La Gorse, capitaine au régiment du Roi-cavalerie, marquis de Floressac.*

FAY

Seigneurs de Fay, de Puisens, au bailliage de Ribemont,
d'Ahis, près de Noyon, de Braie, de Seise, de Cilly et de
Neuville, de Morfontaine, de Fontaine-le-Sec, de Vis, de
Carnoi, de Gaveri, de Fontaine et de Cernoi, au bailliage
d'Amiens, de Fercour et de Château-Rouge, en Beauvoisis, du Pressoir et d'Ossemont, etc.

Elle porte pour armes : *d'argent semé de fleurs de lis
de sable;* l'une des dernières branches a pour devise :
sustine et abstine.

Par son ancienneté et sa noblesse, la famille de Fay
égale les maisons les plus considérables de la Picardie.
Suivant l'institution du partage des fiefs qui commença au
xe siècle, et qui fut l'origine de la plupart des surnoms
dans les plus grandes races du royaume, celle-ci se fixa au
titre de la terre de Fay. Les documents conservés ne permettent pas de remonter au-delà du XIIIe siècle.

Il y aurait un volume à écrire sur l'histoire généalogique de cette famille; nous n'avons point mission pour une
telle étude. Nous nous bornerons à rappeler les noms des

auteurs des diverses branches qui se rattachent à cette maison, signalant, à l'occasion, ceux qui par leur alliance ou leurs hauts faits ajoutèrent à l'illustration de cette famille.

ı. — Jean de Fay, chevalier, S^{gr} de Fay, vivait au début du xııı^e siècle, suivant un titre de l'abbaye d'Orcamps.

ıı. — Pierre, son fils, acquitte, en 1374, des redevances dues par son père à l'abbaye d'Orcamps.

ııı. — Jean, fils de Pierre et de Florance de Bercy, fait une donation à cette même église d'Orcamps.

ıv. — Jean, quatrième du nom, fils du précédent, épouse avant 1400 Jeanne d'Ahis. Il eut six enfants : 1° Pierre, S^{gr} de Fay ; 2° Charles, S^{gr} de Puisens ; 3° Gilles, S^{gr} de Fercour ; 4° Jean. chevalier de Rhodes, ne reçoit de sa mère, à ce titre, qu'un legs de 100 salus d'or ; 5° Girardin, filleul et donataire de son grand-oncle, Gérard d'Ahis, archevêque de Besançon ; 6° Jacqueline, épouse de Renaud de Ravenel.

Branche des seigneurs de Puisens.

v. — Charles, achète à la veuve de Jean de Montmorency la seigneurie de Morfontaine, acquiert, par son mariage avec Blanche de Blois, fille d'Adam, S^{gr} de Crécy, les terres de Puisens, Colonfai, Maillecour, etc.. et distribue ses biens à ses douze enfants. Il eut entre autres : 2° Gérard, auteur de la maison d'Aties ; 3° Gillet, surnommé Sarrazin, chevalier de Rhodes, commandeur d'Oisemont; 4° Jean dit Payen, auteur de la branche de Morfontaine ; 5° Antoine, S^{gr} du Pressoir.

Branche des seigneurs d'Ahis, de Brai, de Cilly

VI. — Gérard, deuxième fils de Charles et de Blanche de Blois, épouse : 1° Antoinette de Vens ; 2° Catherine d'Inchi, dame d'honneur de Marguerite de Bourgogne, comtesse de Flandre et femme de l'empereur Maximilien. Leurs enfants partagèrent les terres de Cui en Vermandois, de Beauregard, d'Oroni, etc. Ils eurent pour enfants : 1° Gérard; 2°.....; 3°.....

VII. — Gérard, épousa Anne de Condette, dont il eut : 1° Charles; 5° Claude et autres.

VIII. — Charles, l'un des gentilshommes de la maison du roi, épouse Anne de Bone, fille de Roland, S^{gr} de Cilly et d'Yolande de Proizi, dont Charles.

IX. — Charles, épouse en 1585, Elisabeth des Armoises, fille de François, S^{gr} de Nice et de Soise, et de Charlotte Cauchon de Maupas, dont : 1° François; 2° Edmond; 3° Louis.

X. — François, épouse Anne de Condé, fille de Thomas et de Madeleine Noblet; ils eurent pour enfants : 1° Charles; 2° Robert, qui suit; 3° François; 4° Anne.

XI. — Robert, épousa : 1° sa cousine Marie de Fay d'Ahis; 2° Marie d'Arlaise, dont il eut : 1° Robert, capitaine dans le Royal-cavalerie ; 2° Dieudonné, capitaine dans Royal-Roussillon; 3° François, capitaine dans Béarn.

Branche des seigneurs de Brai.

x. — Edmond, fils de Charles et d'Elisabeth des Armoises, épousa en 1619 Marie d'Escannevelles, fille de Louis, S^gr de Rocan et de Charlotte de Lice, dont :

xi. — Louis, épousa en 1643 Charlotte de Passant, dame de Belleville, dont : 1° Charles ; 2° Claude ; 3° Robert ; 4° Elisabeth.

Branche des seigneurs de La Neuville.

viii. — Claude d'Ahis, deuxième fils de Gérard et d'Anne de Condettes, S^gr de La Neuville, de Bosmont, Rari et Manerens, épousa Madeleine de Machaut, fille de Jean, conseiller à la Cour des aides, et de Madeleine Lecoc de Corbeville ; il eut d'elle :

ix. — Gérard, épouse d'Anne de Vuarluzet, fille de Claude, S^gr d'Estinchau, et de Jacqueline de La Bone, dame de Cilly, dont :

x. — André, qui épousa Claude d'Ambli, fille de François et de Jeanne d'Epinois. Ils eurent pour enfants : 1° Claude ; 2° Jean-Gabriel ; 3° André, capitaine de dragons ; 4° Antoinette, abbesse de Montreuil.

xi. — Claude, S^gr de Cilly, épousa Marie-Elisabeth Bezard, dont il eut : *Marie-Madeleine-Elisabeth de Fay d'Ahis de Cilly, épouse d'Annet-Bonaventure Brachet, marquis de Floressac, chevalier, comte du Maslaurens, des Outeix, de Selongette, Croze et autres places.*

Branche des seigneurs de Morfontaine.

VI. — Jean, de Charles et Blanche de Blois, épousa :
1° Eléonore de Hames ; 2° Nicole de Saint-Paul, dont il
eut : Thomas, auteur de la

Branche des seigneurs de Fontaine-le-Sec, La Fresnaie, Devis, d'Esquinégate.

VII. — Thomas, épouse Jacqueline d'Avesne ; ils eurent :
1° Jean, tué à la prise de Saint-Paul en Artois ; 2° Jacques,
tué dans le même assaut ; 3° Hugues, tué devant Hédin,
1522 ; 4° Charles, chevalier de Rhodes, tué au même siége.

VIII. — Jean, tué à la prise de Saint-Paul, eut pour fils
IX Nicolas : celui-ci : X Louis ; celui-ci : XI Gérard ; celui-
ci : XII Jean-Adrien.

XII. — Jean, épouse Eléonore de Montfort, fille d'Izam-
bart, Sgr de La Cornhuse et de Barbe Vilain ; ils eurent
pour enfants : 1° Louis-Adrien, marié en 1661 avec Marie-
Louise de Blécourt, dont : XIII 1° Louis, lieutenant des
grenadiers du régiment de la couronne ; 2° Alexandre,
garde-étendard sur les galères ; 3° Timoléon, lieutenant
dans le régiment de la couronne ; 4° Roger ; 5° Anne,
épouse d'Antoine des Fossez, Sgr de Beauviller, capitaine
de cavalerie dans le régiment de Montrevet ; 6° Anne-
Charlotte, épouse d'Étienne de Castelnal, major de Luxembourg.

Branche des seigneurs de Latterie

XIII. — Nicolas, petit-fils de Gérard et de Marguerite d'Ostrel, épousa Anne Monet, 1631, dont il eut : 1° Charles, capitaine de cavalerie, époux en 1662 de Marie des Groze-liers.

Branche des seigneurs de Carnois

X. — Nicolas, deuxième fils de Nicolas et d'Isabeau de Fontaine, épousa Péronne Renier, dont : 1° Jacques ; 2° Jean ; 3° Nicolas.

Branche des seigneurs de Ganerie.

XI. — Jean, deuxième de Nicolas, épousa en 1610 Anne de Bettancourt, dont : Henri, Nicolas.

Branche des seigneurs de Fontaine, Ameline, Grefontaine.

XII. — Nicolas, épousa : 1° Jacqueline du Perrin ; 2° Madeleine Boulanger.

Branche des seigneurs d'Ameline.

XIII. — Jean, fils de Nicolas et Jacqueline, épousa Gabrielle de Gueulin, dont : 1° Jean ; 2° René-Michel.

Branche des seigneurs de Grefontaine.

XIII. — François, de Nicolas et Madeleine Boulanger, gouverneur d'Amiens, épousa Angélique de Tassart.

Branche des seigneurs de Cernoi.

XII. — Claude, de Jean et d'Anne de Bettancourt, épousa ...., dont : 1° Charles, officier de cavalerie ; 2° Henri-Antoine, lieutenant de dragons ; 3° Charles-Alouis, capitaine d'infanterie ; 4° Claude-Gaston, lieutenant d'infanterie ; 5° Claude, servant sur les vaisseaux du roi ; cinq autres frères, cinq filles.

Branche des seigneurs de Boissy.

XI. — Nicolas, troisième fils de Nicolas et de Péronne Renier, épousa Isabelle Leclerc, dont : 1° Philippe, exempt des gardes du corps du roi, tué à la bataille de Sénif, 1674; 2° N..., capitaine d'infanterie, tué à l'armée.

Branche des seigneurs du Pressoir.

vii. — Antoine, cinquième fils de Charles et de Blanche de Blois.

Branche des seigneurs de Fercour.

v. — Giles, de Jean et Jeanne d'Ahis, épousa Jeanne de Lancien.

Branche des seigneurs de Châteaurouge.

vii. — Gilles, d'Antoine et Marguerite de Bossut, épousa Ide Lorfeure, dont : 1°

viii. — Jacques, époux de Charlotte d'Averhoult, dont : Gaspard, etc.

Branche des seigneurs de Cressonsart.

ix. — Gaspard, épousa Louise d'Ailli, dont Louis qui épousa, 1619, Jeanne de Saint-Simon, fille de Louis, S^{gr} du Plessis, et sœur de Claude de Saint-Simon, pair de France, chevalier des ordres du roi.

Signé : D'Hozier.

Fait à Paris, 28 février 1695.

DE COURTILHE DE SAINT-AVIT

Porte : *d'argent à un chevron de gueules, accompagné de neuf merlettes de sable, posées 4, 2, 1 et 2.*

i. — Pierre de Courtilhe, écuyer, rendit foi et hommage au comte de la Marche en 1436.

ii. — Antoine de Courtilhe, écuyer, S^{gr} de La Foulaige, eut pour enfants : 1° Gilbert, qui suit; 2° Louis ; 3° Jean : écuyer, auquel fut consenti, le 4 mai 1507, un acte reçu Daffis, notaire royal, constatant que certains cens étaient dus à la seigneurie de Courtilhe, située en la paroisse de Monreuilly, près Montégut en Combrailles.

iii. — Gilbert, S^{gr} de Courtilhe, eut pour fils : 1° Louis, qui suit; 2° Gervais.

iv. — Louis, dans un acte du 22 décembre 1544 passé à Montaigu, est désigné comme père de Michel.

v. — Michel eut pour fils : Antoine.

vi. — Antoine, écuyer, S^{gr} de Courtilhe, servit comme homme d'armes dans la compagnie du comte de La Vauguyon. Il reçut pour le service du roi des commissions signées Pyton, le 18 juin 1574. Une donation fut faite en sa faveur, le 27 juin 1581. Le 17 novembre 1589, Henri IV chargea ce *cher et bon ami* Antoine de Courtilhe, comme *bon, vaillant et expérimenté personnage,* de lever pour son service deux cents hommes dont il serait capitaine, et, par brevet du 29 août 1589, donné au camp devant Paris, il fut chargé de garder la ville et le château de Huriel, en Bourbonnais. Il eut pour enfants : 1° Antoine; 2° Claude; 3° Gilbert; 4° Jean, qui servit avec honneur sous les maréchaux de Chatillon et de La Meilleraye; 5° Gaspard, qui suit; 6° Isabelle.

vii. — Gaspard de Courtilhe, écuyer, Sᵍʳ dudit lieu, de Tronzier et de Segondat, rendit hommage, le 23 juin 1618. Par sentences rendues en l'élection de Montluçon, 15 janvier 1624; le 28 juin 1634, son frère Jean et lui furent reconnus nobles. Il épousa à Huriel, 25 août 1626, Jeanne de Laage du Brudieu, fille de feu Gaspard, écuyer, Sᵍʳ et baron de Giat et de Feydet en Auvergne, et de Charlotte de La Faye, alors femme de Mⁱʳ Gilbert de Châlus, chevalier, baron de Courdas et d'Ortinat; il eut pour enfants : 1° Marien, Sᵍʳ de Saint-Avit, qui suit; 2° Jean, Sᵍʳ de Feydet, de Segondat et de Fressineau; 3° Jacques, Sᵍʳ de Tronges; 4° Gaspard, Sᵍʳ du Brudieu; 5° Catherine; 6° Hélène.

viii. — Marien de Courtilhe, écuyer, Sᵍʳ de Saint-Avit, de Tronzier, de Giat, etc., épousa, le 11 juillet 1672, Anne Musnier, veuve de noble Nicolas Tixier, fille de noble Jean Musnier de Fressanges, lieutenant civil et criminel de la châtellenie de Felletin, et de Louise Chanssard; ils eurent pour enfants : 1° Claude, qui suit; 2° Gabriel; 3° Anne; 4° Gaspard, Sᵍʳ de Feydet; 5° Jacques, docteur en théologie et curé de Saint-Avit-le-Pauvre jusqu'en 1747; 6° Hélène; 7° Marie; 8° Jeanne.

ix. — Claude de Courtilhe, épousa, 28 novembre 1709, *Marie-Anne de Brachet, de Pérusse, fille de Mⁱʳ Léonard Brachet, écuyer, Sᵍʳ de Larfeuille, et de Marie-Germain Lespine, habitant la ville de Felletin.* D'eux naquirent : 1° Marie; 2° Joseph, qui suit; 3° Louise.

x. — Joseph de Courtilhe, chevalier, Sᵍʳ de Saint-Avit, Fransèches, Saint-Sulpice-les-Champs, Segondat, etc., épousa, 1739, Marie-Anne de Bort, fille de Pierre, chevalier, Sᵍʳ de Pierrefitte, et de Jeanne Brun; ils eurent pour enfants : 1° Pierre, qui suit; 2° François, qui suit; 3° Marguerite, dernière prieure du monastère de Blessac et première supérieure des sœurs hospitalières de Saint-Roch, à Felletin; 4° Marie-Madeleine; 5° Jacques.

XI. — Pierre de Courtilhe, chevalier, S^{gr} de Saint-Avit, etc., épousa en 1762 Louise-Agnès de Sarrazin, fille de feu Yves-Louis de Sarrazin, chevalier, S^{gr} de Gioux, Ronteix, etc., et de haute et puissante dame Jeanne-Marie de Chalus, dont il eut : 1° François-Jean, qui suit; 2° Louise-Agnès; 3° Claire; 4° Jeanne-Marie; 5° Alexandre, se destine d'abord à l'armée, plus tard se fait prêtre et devient curé de Peyrat-la-Nonière; 6° Gilberte-Françoise-Catherine; 7° Claire-Charlotte; 8° Claire-Claudine; 9° Jean-François; 10° Alexandre; 11° François-Marie; 12° Gilbert-Annet-Louis-Antoine; 13° Françoise-Marie-Madeleine.

XII. — François-Jean de Courtilhe de Saint-Avit, nommé chef d'escadron en 1814, et, dans son brevet signé par le roi, ainsi que dans celui de colonel qu'il obtint lors de sa retraite, il est qualifié de marquis de Courtilhe de Saint-Avit. Il avait épousé Gilberte-Anne Taillandat, de La Maisonneuve, fille de Constantin, ancien procureur général à Riom et député aux États généraux, pour la province d'Auvergne. D'eux sont nés : 1° Charles-Constantin; 2° Clémentine, mariée à Alphonse du Repaire, en Périgord; 3° Constance, épouse de son cousin Louis de Courtilhe.

XIII. — Charles-Constantin, marquis de Courtilhe, épousa Marie-Antoinette Gerbaud, fille de M. Gerbaud, député du grand collége électoral de la Creuse en 1815.

XI. — François, fils de Joseph, S^{gr} baron de Saint-Avit, et de Marie de Bord, chevalier et garde du corps de Sa Majesté, capitaine de cavalerie, épousa en 1778 Marie-Geneviève Bandy, fille de noble Jacques Bandy et de Louise Degas; d'eux sont nés : 1° Pierre, qui suit;

2° Charles-Alexis-Amédée de Courtilhe, capitaine de cavalerie, marié en 1831 à Aména, fille de M. Mazeron du Pradet, président du tribunal d'Aubusson, dont il a eu, le 15 décembre 1833, Françoise-Marie-Alfrédine, qui a épousé le 15 octobre 1854 le marquis André-Achille de Brinon, inspecteur des forêts, dont elle a eu : 1° Marie-Amédée-Fernand, 17 juin 1855 ; 2° François-Sigismond-Robert, né le 13 novembre 1857.

XII. — Pierre de Courtilhe, épouse Amable-Félicité de L'Estoile, petite-fille d'une Bourbon-Penthièvre ; d'eux sont nés : 1° Marc, officier supérieur de cavalerie ; 2° Louis, époux de sa cousine Constance, fille de François-Jean de Courtilhe, dont il a eu Edgard, officier de marine, chevalier de la Légion d'honneur dès l'âge de vingt-deux ans (19 juillet 1862).

BLANCHEFORT

Maison illustre dans le Limousin, château, bourg et châtellénie dans l'élection de Brive, à quatre lieues de cette ville et de la sénéchaussée d'Uzerche. Le château fut bâti l'an 1125 par Archambaud, quatrième du nom, vicomte de Comborn, surnommé *le Barbu*, et il devint le partage du plus jeune de ses petits-fils. Ainsi, les seigneurs de Blanchefort tirent leur origine de la possession immémoriale du château de Blanchefort, près Uzerche.

Assalit de Comborn, cinquième fils d'Archambaud, sixième du nom, vicomte de Comborn, vivant en 1184, et de Jordaine de Périgord, eut en partage la seigneurie de Blanchefort, dont il prit le nom, qu'il transmit à sa postérité suivant l'usage de ce temps et à l'exemple des vicomtes de Turenne, de Limoges et de Ventadour; sortis de cette maison de Comborn.

i. — Assalit donna avec Archambaud, son fils, quatre borderies ou fermes à l'abbaye d'Obasine pour le salut de leurs âmes et celui de leurs pères, 1211 ; son sceau représente : *deux lions passants, posés l'un sur l'autre*. Il eut pour enfants : 1° Archambaud, qui suit; 2° Bernard.

ii. — Archambaud, premier du nom, Sᵍʳ de Blanchefort, eut pour fils : 1° Bernard, qui suit; 2° Salomon, qui suit.

iii. — Bernard, eut pour fille unique Isabelle, première femme de Guichard de Comborn, Sᵍʳ de Treignac.

iii. — Salomon, Sᵍʳ de Saint-Clément et de Charroux, près La Rochelle, eut pour enfants : 1° Bernard qui, en 1314, prétendit à la terre de Blanchefort après la mort de sa cousine; 2° Etienne, qui suit; 3° Jourdain, mari de Béatrix de Fio, tuteur de ses enfants Gui et Bernard, 1338.

iv. — Etienne, épousa : 1° la fille de Guy de Raygnac; 2° Raymonde de Favars, de laquelle il eut :

v. — Archambaud de Blanchefort, deuxième du nom, qui eut pour fils Guy.

vi. — Guy de Blanchefort, premier du nom, fut tué à la bataille de Poitiers, 1356. Il laissa pour fils :

vii. — Guy, deuxième du nom, dit Guyot, marié, disent des mémoires, à ..... de Rochechouart, dont il eut :

viii. — Guy, troisième du nom, Sᵍʳ de Saint-Clément, de Bois-Lamy et de Nozerolles, chevalier, chambellan du roi Charles VII... En 1435, le grand Blanchefort et le petit firent beaucoup de ravages du côté de Saumur. Guy servait dans l'armée du roi. A la tête des *escorcheurs*, il désola le Hainaut et la Lorraine. En 1441, il servait au siége de Pontoise. En 1455, il commandait un corps de cavalerie dans la ville de Dieppe. Il fut encore capitaine de Cassaigne et de Bigourat, en Rouergue, puis sénéchal de Lyon, bailli de Mâcon en 1458, enfin gouverneur de Pierre-Encise. Il avait épousé en 1446 Souveraine d'Aubusson, de la branche des seigneurs du Monteil-au-Vicomte. D'eux naquirent : 1° Antoine, qui suit ; 2° Jean, qui suit, qui s'établit en Berry et forma la branche qui porte le nom et les armes de Créqui ; 3° Guy, grand-maître de Rhodes ; 4° Louis, prieur de Saint-Sauveur, près Bray, 1461, prieur de Sainte-Valérie de Malval et abbé de Ferrière ; 5° Charles, abbé de Sainte-Euverte d'Orléans, élu évêque de Senlis en 1503 ; 6° Antoine, Sᵍʳ de Beauregard en Rouergue, capitaine de Cassaigne, épousa Jeanne de Cologne de Lignérac, du Rouergue ; 7° Françoise, femme de Jean de Lestranges, chevalier, Sᵍʳ de Duras ; 8° Souveraine, mariée à Jean Pot, chevalier, Sᵍʳ de Rhodes, fils de Guyot Pot et de Catherine de Saint-Julien.

IX. — Antoine, Sᵍʳ de Bois-Lamy et de Nozerolles, épousa Gabrielle de Layre. Leur fille unique, Françoise, fut mariée à Jean de Chabannes, baron de Curton en Guyenne et de Rochefort, comte de Saignes, fils de Gilbert de Chabannes et de Françoise de La Tour d'Auvergne.

IX. — Jean, Sᵍʳ de Saint-Clément, Saint-Sévère et Saint-Jeaufrin, en Berry, épousa Andrée de Noroy, dame du Targé : d'eux naquit : *Jeanne de Blanchefort qui, en 1502, épousa Jean Brachet, écuyer, baron de Magnac, fils de Gilles, auteur de la branche de Pérusse, et de Charlotte de Tranchelyon.*

Guy, frère de Jean et oncle de Jeanne de Blanchefort, étant grand-prieur d'Auvergne, fit placer dans l'église de Bourganeuf, au-dessus de la porte du chœur, cette inscription dont nous modifions un peu l'orthographe ; nous l'empruntons au *Nobiliaire* de Nadaud, édité par M. Roy-de-

Pierrefitte, et qui la reproduit dans sa forme primitive :

En l'an mil quatre cent quatre-vingt-quatre fut
faite la grosse tour de Bourga-
neuf et tout le bâtiment, les
verrines de cette église, le treil-
lops defait, et fondé une messe, chacun
jour, vespres et complies aux heures de la communauté de la dite
église par révérend religieux,
frère Guy de Blanchefort, grand prieur d'Auvergne, commandeur
de Chypre, de Bourganeuf, de
Morterolles, sénéchal de Rhodes
et neveu du très révérend et
mon très redouté seigneur mons
Frère Pierre d'Aubusson, très
Digne grand maître de Rhodes,
de l'ordre Saint-Jean de Jérusalem.

Il fonda, le 5 février 1477, quatre messes par semaine dans l'église de Bourganeuf.

Branche des seigneurs de Créqui.

I. — Antoine, dit de Créqui, épousa Catherine d'Aguerre, comtesse de Sault ; il en eut :

II. — Charles, qui devint duc de Lesdiguières par son alliance avec Madeleine de Bone, fille unique du connétable duc de Lesdiguières, maréchal de France en 1622, tué au siége de Brême en 1638, à l'âge de soixante ans. — D'une éloquence très persuasive, il se distingua par sa politesse et sa magnificence, qui le firent remarquer à Rome, où le roi l'avait envoyé comme ambassadeur auprès d'Urbain VIII.

III. — François, son fils, maréchal de France, épousa Catherine de Rougé-Duplessis-Bellière.

IV. — ...., marquis de Créqui, leur fils, épousa ......, dont :

V. — J.-François, mort sans postérité le 6 octobre 1703.

LENTILHAC

Seigneurs, barons de Lentilhac, Felzins, de Cos, de Mier, de Gimel, Brignac, Saint-Yrieix, Saran, Saint-Bazile, Toirac, Asprières, Fos, Capdenac, Montamat, Confolens, Cussac, La Mothe-d'Ardus, Grialou, Salvanhac, Marcillac, Goudon, vicomtes de Sédières, seigneurs de Bétut, de Vic, de Saint-Félix, de Nonars, comtes et marquis de Lentilhac en Quercy, Rouergue, Limousin.

Armes : *de gueules, à la bande d'or; couronne de marquis.* Supports : *deux lions.* Devise : *Non lentus in armis.*

Le château de Lentilhac, berceau de cette famille, est situé sur une montagne escarpée, à une lieue et demie de l'abbaye de Figeac et en face du château de Capdenac. La situation avantageuse de ce château et son voisinage des montagnes de l'Auvergne et du Rouergue, en faisaient une place importante pour la défense du pays.

Ce château, dont l'antiquité remonte à plus de huit siècles et qui fut plusieurs fois relevé de ses ruines, n'a point cessé d'être possédé par cette maison et il est aujourd'hui encore la résidence de la branche des marquis de Lentilhac. Cette famille a fourni des chevaliers aux ordres du Temple et de Saint-Jean de Jérusalem, a pris part aux Croisades, s'est distinguée par sa fidélité et son dévouement à nos rois, dans les guerres du xiv° siècle contre les Anglais, qui surprirent et occupèrent quelques temps le château de Lentilhac. Elle a fondé, en 1357 et 1360, l'abbaye de La-Voie-du-Ciel, à Vic.

Par les plus anciens titres connus, on voit que cette maison était divisée en plusieurs rameaux dès le commencement du xiii° siècle. Le seul qui se soit continué s'est subdivisé vers 1650 en deux branches : celle de Sédières et celle de Lentilhac. La première, héritière des biens des deux anciennes maisons de Gimel et de Sédières. Ces deux branches se sont alliées aux maisons les plus distinguées, entre autres à celles d'Aubusson, Boussac, Brachet, Castelpers, Chauveron, Clermont-Tonnerre, Coustin, de Marcillac, Gimel, Lescure, Mirabel, Lapanouse, Roland de Valon, Saint-Chamans, Saint-Julien, Volonzac, etc., etc.

14° GÉNÉRATION. — François de Lentilhac, cinquième du nom, S^{gr} baron de Lentilhac, Felzins, Gimel, Saint-Yrieix, Mier, S^{gr} de Brignac, Sarran, La Prade, Grialou, de La Mothe-d'Ardus, épousa, par contrat passé au château de Gimel, 27 août 1625, Matheline de Lavaur de Gimel, baronne de Gimel, fille de M^{ir} Antoine de Lavaur, baron de Gimel, S^{gr} de Sarran, Capde, La Rochebriant et autres places, et de dame Gasparde de Gimel. D'eux sont nés : 1° Jean-François ; 2° Gabriel ; 3° Antoine ; 4° Bertrand ; 5° Michel ; 6° *Joseph, chevalier, baron, S^{gr} de Felzins, Saint-Bazile, près d'Argentat, marié le 9 janvier 1683, avec Eléonore Brachet de la Gorse, veuve de Louis de La Salle, S^{gr} du Marzé, et fille d'Annet Brachet, S^{gr} du Maslaurens, et d'Anne de Limoges.* D'eux sont nés : 1° Claude, S^{gr} baron de Saint-Basile, lieutenant-général du régiment de Camille, 1698 ; 2° Claude-François, baron de

Lentilhac, de Gimel, du Fos, dans la Marche, capitaine d'infanterie, puis dans le régiment d'Aubusson-cavalerie. Il s'allia, par contrat du 5 janvier 1710, avec Françoise de Saint-Julien, fille de Philibert de Saint-Julien, comte de Beauregard, S^{gr} de Peyrudette, et de Marie-Anne d'Aubusson de Savignac. Ses enfants furent : 1° Jacques de Lentilhac de Gimel, S^{gr} de Saint-Basile; 2° Hubert, chanoine, comte de Lyon; 3° Marie-Constance, admise dans la maison royale de Saint-Cyr, puis chanoinesse-comtesse du chapitre de Remiremont, 1736, puis dame secrète de ce chapitre; 4° Catherine, reçue chanoinesse-comtesse de ce chapitre, 1737; 5° Marie-Anne, reçue à Saint-Cyr, puis chanoinesse-comtesse de Remiremont, 1738, et dame de la Croix-Étoilée de l'impératrice-reine Marie-Thérèse. Elle épousa François-Joseph, marquis de Clermont-Tonnerre, S^{gr} de Hamonville, maréchal de camp, lieutenant-général et commandant en Dauphiné; 6° Marie-Madeleine-Elisabeth, chanoinesse-comtesse de Remiremont, 1738, puis dame chantre; 7° Marie-Anne, reçue chanoinesse-comtesse, 1738.

Les derniers membres de cette famille sont : Gaston-Félix-Charles-Victor de Lentilhac, né à Paris le 20 septembre 1831;

2° Marie-Alexandrine, née à Paris le 2 mai 1833;

3° Marthe-Anne-Alexandrine, née à Paris le 12 février 1837.

ESTUER

Jean de Stuer, S^{gr} de Saint-Mégrin et de La Barde, paroisse du Grand-Bourg de Salagnac, premier baron de la Marche, conseiller d'Etat ordinaire, chambellan de Sa Majesté, épousa le 23 septembre 1463, avec l'agrément du roi Louis XI, Catherine Brachet, fille de Jean, S^{gr} de Salagnac, de Montaigu-le-Blanc et de Pérusse, et de Marie de Vendôme, dame de Charost et veuve en premières noces de Jean, dit Poton de Xaintrailles, maréchal de France. Catherine n'ayant pas eu d'enfants de ses deux mariages, institua, par son testament du 9 août 1490, pour son héritier universel messire Guillaume d'Estuer, chevalier, S^{gr} de Saint-Mégrin, etc., chambellan ordinaire du roi, sénéchal et gouverneur de Saintonge, frère puîné de Jean d'Estuer. La possession de cette succession ne fut pas paisible. C'est par ce Guillaume que commence la Généalogie de Nadaud. (P. DE CESSAC.)

Guillaume d'Estuer, chevalier, baron de Thonis, Grateloube, Lagonieyre, Villeton, Saint-Maigrin, Nieul, Montrocher, La Forestie, Richemont et Rechigne-Voisin, testa le 15 juin 1495. Il avait épousé Catherine de Caussade, dont il eut : 1° François, qui réunit en sa personne tous les biens de sa maison et ceux de sa tante Catherine Brachet, et mourut sans enfants; 2° Pons, marié, 1516, à Isabeau de Montbrun, baronne de Montbrun, Saint-Jal, Roffiac et Puyjoyeulx; 3° Arnaud, qui eut de son père les terres de Nieul et de Montrocher, et qui fut tué dans les guerres d'Italie en 1517. Il avait épousé Antoinette de Pontbriant, fille de François, S^{gr} de La Villette, gouverneur de Loches, dont il n'eut point d'enfants.

Louis d'Estuer, dit de Coussade, fils de François et de Gabrielle de Maillé-de Latour-Landry, chevalier, capitaine de cinquante hommes d'armes des ordonnances du roi, S^{gr} de Saint-Maigrin, prince de Carency, vicomte de Calvignac, baron de Saint-Germain-sur-Vienne, Tonneins,

Gratelou et Villeton, avait épousé Diane des Cars, fille de Jean, prince de Carency, comte de La Vauguyon, et de Anne de Clermont. D'eux naquirent : 1° Jacques, qui suit; 2° Diane, mariée à Paul de Rabaine, S^gr d'Usson et de Latour de Brillac ; 3° Françoise, mariée en 1595 à Jean de Rochechouart-Pontville.

Jacques d'Estuer de Coussade, à qui son père donna à sa naissance le nom de Montbrun, comte de La Vauguyon, chevalier des ordres du roi, grand sénéchal de Guyenne en 1665, avait épousé en 1607 Marie de Roquelaure, fille d'Antoine, maréchal de France, et de Catherine d'Ornézan. D'eux naquirent : 1° Jacques d'Estuer, marquis de Saint-Maigrin, tué pour le service du roi, à la bataille de Saint-Antoine, 2 juillet 1652, âgé de trente-six ans, et enterré dans l'église de l'abbaye de Saint-Denis. Il avait épousé Elisabeth Le Féron, fille unique de Dreux Le Féron, conseiller au Parlement, et de Barbe Servien ; 2° Lucrèce, mariée à Annet des Cars, deuxième fils de François et de Françoise de Veyrières ; 3° Marie, qui suit, fille d'honneur de la reine-mère. Elle épousa en 1653 Barthélemy de Quélen, fils de Grégoire, S^gr de Brontay, et de Claude Fouquet. Ce Barthélemy mourut à Douai, 13 juillet 1667, d'une blessure qu'il avait reçue au siége de cette ville, étant maréchal de camp. D'eux naquit, entre autres enfants, Nicolas de Quélen d'Estuer, comte de La Vauguyon, S^gr de Vareilles, qui fit monter les terres de La Vauguyon et de Vareilles à plus d'un million en billets de la banque royale en 1719. Il avait épousé, le 1er octobre 1703, Madeleine de Bourbon-Busset ; il eut d'elle : Antoine-Paul-Jacques de Quélen d'Estuer, maréchal de camp en 1745, marié en 1734 à Marie-Françoise, fille de Paul-François, duc de Charost-Béthune, depuis capitaine des gardes du corps.

GARAT DE NEDDE

i. — Garat, S^{gr} de Saint-Priest-Taurion, frère de ...., abbé de Grammont, acheta une charge de trésorier de France. Il épousa .... Froment, dont il eut : 1° Joseph, qui suit ; 2° ...., mariée à .... Faulte, S^{gr} du Puy du Tour, procureur du roi au bureau des trésoriers de Limoges ; 3° Agathe, mariée à .... Périère, S^{gr} de La Gardelle, conseiller à l'élection de Limoges.

ii. — François-Joseph, chevalier, S^{gr} de Saint-Yrieix-la-Montagne, trésorier de France, acheta la terre de Saint-Priest-Taurion, épousa Marie-Anne Benoît de Lostende, dont : 1° Jean-Martial ; 2° Pierre-Joseph, tonsuré en 1768, vicaire-général de Tréguier ; 3° Pierre, qui suit ; 4° ......; 5° ...., mariée à de Douhet du Puymoulinier, lieutenant-criminel au présidial de Limoges ; 6° ...., religieuse à la Visitation de Limoges.

iii. — Pierre Garat, écuyer, S^{gr} de Saint-Priest, épousa en 1769 Marie-Angélique Morel de Fromental de la Clavière, dont plusieurs enfants.

i. — Raymond, S^{gr} de Maslebraud, paroisse de Saint-Priest-Taurion, acheta une charge de secrétaire du roi, épousa Marguerite Ardant, dont : 1° Raymond, qui suit ; 2° Jacques, marié à Catherine Colomb ; 3° Jean, qui se maria et mourut à Lyon en 1762 ; 4° François, docteur en Sorbonne, mort supérieur des prêtres de Saint-Sulpice, à Avignon, en 1772 ; 5° Joseph, docteur de Sorbonne, chanoine à la cathédrale de Limoges ; 6° Alexis, docteur de Sorbonne, curé de Saint-Maurice, de la cité de Limoges, puis théologal de la cathédrale de Limoges ; 7° Bernardin,

bachelier de Sorbonne, curé de Couber, diocèse de Paris ;
8° Marie-Anne, mariée à Pierre Colomb, secrétaire du roi,
dont : *Marguerite, qui épousa en* 1759 *Louis de Brachet,*
S^gr *de La Bastide, garde du corps de Sa Majesté, fils
d'Antoine, S^gr de La Bastide, et de Catherine Le Cesne
de La Chapelle;* 9° Barbe ....; 10° Catherine, morte, en
1775, à Saint-Maurice de la Cité, où son frère était curé.

II.—Raymond Garat, acquit avant 1750 la terre de Nedde,
qui fut érigée en marquisat sous l'intendance de Colbert,
plus celle de La Villeneuve, qui lui furent vendues par N. de
Montalembert, ancien officier, chevalier de Saint-Louis ;
il épousa Marie-Anne Faulte du Puy-du-Tour, dont :
1° Raymond, qui suit ; 2° ....., mariée à .... Lagrange,
S^gr de Tarnac.

III.— Raymond Garat (dit *le Marquis*), S^gr de La Villeneuve, épousa en 1761 Jeanne-Martiale de Turenne,
paroisse de Saint-Yrieix, près Vallières. Pierre Garat, chevalier, S^gr de Saint-Priest, Moncocu et Ambazac, était à
l'assemblée de la noblesse de la Haute-Marche, tenue à
Guéret le 16 mars 1789.

Raymond de Garat, baron de Villeneuve, assistait à la
même assemblée.

Marie-Anne Garat, comtesse de Fayat, épousa Gilbert
Martin de Joussineau, comte de Fayat, baron de Peyre-
levade, S^gr de Saint-Martin-Sespert, les Oussines, la
Valade, Lambert et Laboissière.

Marie-Anne Garat de Saint-Priest épousa Jacques-Fran-
çois de Douhet, chevalier, S^gr de Puymoulinier, Le Palais
et Panazol. Elle était veuve en mars 1789 et assistait à
l'assemblée de la noblesse du Limousin.

A l'assemblée de l'Angoumois, on trouve Charles Nor-
mand de Garat, lieutenant des vaisseaux du roi.

LA GORSE DE LIMOGES

La Gorse, S^gr^ de Beaufort, Laborde, Beynac, Cumont.

Elle porte : *écartelée au 1er et au 4e d'or, au lion de gueules ; au 2e de gueules à un roc d'échiquier d'argent ; au 3e d'azur à une étoile d'or.*

Martial Palet, frère de Pierre Palet ; ledit Pierre, conseiller au Parlement de Bordeaux, abbé de Verteuil et prévôt de l'église de Tulle, S^gr^ de La Gorse, près de cette dernière ville, sa patrie, où il est enterré dans l'église de Saint-Pierre, institua son héritier Jean de Limoges, fils de son frère Martial. Telle est l'origine de MM. de La Gorse. (Baluze.)

Ramnulphe La Gorssa de Monteruc, évêque de Sisteron, 1378.

Jean Lagorssa, doyen d'Allebecque, diocèse de Tournay, licencié en décrets.

Catherine de La Gorse, dame de Saint-Jal (Limousin), veut, par son testament du 15 novembre 1410, être inhumée dans l'église de *Sadran,* parce que *mollius ossa cubant manibus tumulata suorum ;* fait son héritière universelle sa fille Marguerite, dame de Jumilhac, femme d'Adémar Roblert, chevalier.

Par conventions accordées entre Charles, roi de Jérusalem et de Sicile, etc., et Pierre, roi d'Arragon, pour un combat qui se devait faire entre eux deux, assistés chacun de cent gentilshommes, ils en nommèrent six, chacun de leur part, pour traiter ensemble du lieu, des sûretés, du jour et de la forme, comme le combat se devait faire. Raymond de Limoges fut un des six pris par le roi d'Arragon.

Le combat fut assigné à Bordeaux, au 1ᵉʳ juin 1283. (Du-CHESNE.)

Guillaume de La Gorse, clerc du roi, nommé un des commissaires pour recevoir la soumission du comte de Toulouse, 1242.

Guillaume de Limoges, bourgeois de Brioude en Auvergne, 1268.

i. — Geoffroy de Limoges, auteur de la branche du Limousin, chevalier de l'ordre de Saint-Michel, 1557, épousa en 1555 Françoise Faydit, dont Jacques.

ii. — Jacques de La Gorse, épousa en 1581 Catherine de Hautefort de Saint-Chamans, dont : *Anne de Limoges, dame de La Gorse-Beynac, fille de Jacques de Limoges La Gorse-Beynac, chevalier, Sᵍʳ dudit lieu de La Gorse, Le Mesal, Floressac, et de Catherine de Hautefort de Saint-Chamans, fut mariée à Annet Brachet, chevalier, fils de Louis, Sᵍʳ du Maslaurens, Croze, Les Outeix, et de Jacqueline de La Mothe.*

iii. — Jacques de La Gorse, Sᵍʳ de La Borie, épousa en 1641 Jeanne de Laurent.

iv. — Gabriel de La Gorse, épousa en 1667 Etiennette de Marry.

Gilbert de Limoges, chevalier, Sᵍʳ de La Gorse, paroisse de Seillac, épousa ...., dont Jacques, prieur de Saint-Jean-de-Bort, près Saint-Salvadour, 1579.

Jean-Baptiste La Gorse de Limoges, écuyer, capitaine, aide-major dans le régiment des grenadiers royaux, épousa à Lubersac, 1752, Marie Durand de La Saigne.

On trouve parmi les chevaliers de l'ordre royal et militaire de Saint-Louis : Antoine de Brachet de La Gorse, en 1762 ; Guy-André du Laurent de La Gorse, en 1762 ; Jean-François-Guy de Merle de La Gorse, capitaine en 1747, lieutenant-colonel en 1772; Joseph-Guy de Merle, de La Gorse, capitaine de grenadiers du régiment Dauphin-infanterie en 1726, chevalier de Saint-Louis en 1738, combattit brillamment à Fontenoy et mérita, avec une gratification, une lettre des plus flatteuses du ministre de la guerre.

Le comte de La Gorse (Louis-Scipion-J.-B.-Urbain de Merle), chevalier de Saint-Louis en 1780, page du roi, petite écurie, 1758, capitaine-commandant en 1776, lieutenant-colonel du régiment Dauphin-cavalerie, 1782.

Merle-La Gorse, maréchal de camp (1793, état militaire de).

Pierre Lagorse, nommé chevalier de Saint-Louis, 1797; lieutenant des invalides de France, chasseur noble en l'armée de Condé.

Louis-Charles Merle de La Gorse, ancien officier, nommé chevalier de Saint-Louis, 1815.

Pierre de La Gorse, capitaine en retraite, nommé chevalier de Saint-Louis en 1815.

DE BONNEVAL

Porte : *d'azur à un lion d'or armé et lampassé de gueules;* pour supports : *deux griffons d'or.* L'on disait autrefois : *Richesse des Cars, noblesse de Bonneval.*

Cette maison possède de temps immémorial la terre de Bonneval, située à sept lieues de Limoges, et dont elle tire son nom. Elle consiste en un gros château, un grand et beau parc, un bourg fermé et soixante villages. Elle possède encore, dans le Limousin, depuis le XIV⁰ siècle la terre de Blanchefort, qui lui a été apportée par une fille de la maison de Comborn ; elle a donné deux femmes à la maison de Montbas, et, par une alliance directe avec la maison de Foix, elle se trouve alliée à la plupart des maisons souveraines de l'Europe.

I. — Jean, S^gr de Bonneval, premier du nom, eut pour femme Alix d'Aixe (1300); d'eux :

II. — Jean II, S^gr de Bonneval, capitaine d'une compagnie de gendarmes, épousa Eude de Tranchelyon, dont il eut : 1° Jean, qui suit; 2° Aimeri, qui suit; 3° Rodolphe, époux de Eudes de La Marche; 4° Bernard, évêque de Rimini, Spolète, Bologne, Nîmes et Limoges, où il prit possession le 27 janvier 1391 ; 5° Guillaume, abbé de Saint-Lomer-de-Blois en 1401; 6° Agnès, religieuse; 7°, 8°, 9°, 10° Denise, Marie, Hélis, Marguerite, mariées.

III. — Jean III, marié à Alix de Bré, dont il eut : 1° Jean et trois autres fils morts jeunes, puis deux filles : 1° Marie, époux de Henri Le Bard; 2° Hélips, mariée à Bertrand de Maumont, S^gr de Gimel, 1373.

III bis. — Aimeric, de Jean II et d'Eude de Tranchelion, épousa Sibylle de Comborn, dame de Blanchefort, fille de Guichard, S^gr de Treignac, et d'Isabelle, dame de Blanchefort. De leurs enfants, on ne connaît que :

IV. — Jean IVe, S^gr de Bonneval et de Blanchefort; il épousa Delphine de Montbert, fille d'Audebert, S^gr de Montbert et de Magnac. D'eux naquirent : 1° Bernard, qui suit; 2° Guillaume, auteur de la branche des S^grs de Montbert et Magnac; 3° Hugues, tige de la branche des S^grs du Chastaing; 4° Gabriel, S^gr du Teil et de Rochebrune, marié à Jeanne Morine; 5° Guillot; 6° Godefroy; 7° Pierre, moine de l'ordre de Saint-Benoît, abbé de l'abbaye de Saint-Allyre, 1442; 8° Frère Jean, prieur de Tardes, de l'ordre de Saint-Augustin; 9° Christine, femme de Géraud de Saint-Aignan; 10° Alliette; 11° Marguerite, femme en 1445 d'Antoine de Rochedragon, S^gr du Puy-Malsignat.

v. — Bernard, épousa Marguerite de Pierre-Buffière, 1432, dont il eut : 1° Antoine, qui suit; 2° *Foucaud*, qui a fait la branche des S^grs de Laroque-Meysac; 3° Jeanne, mariée à Jean de Lasteyrie, 1459; 4° Marguerite, mariée à Pierre Cotet; 5° et 6° deux filles, sans alliances connues.

vi. — Antoine, chevalier, S^gr de Bonneval, Coussac, Blanchefort et Le Teil; en 1470, 1er chambellan de Gaston de Foix, roi de Navarre; conseiller et chambellan des rois Louis XI, Charles VIII, Louis XII; capitaine des châteaux de Perpignan, Puycerda, Collioure, Bellegarde, La Roque, etc. Il était revêtu de l'office de juge et viguier de la ville, terre et juridiction du pariage de Saint-Yrieix, pour le roi et les doyen, chanoines et chapitre du même lieu. Il se trouvait à la bataille de Fornoux, 1495; il fut fait depuis gouverneur et sénéchal du Haut et Bas-Limousin. Il avait épousé, en 1471, Marguerite de Foix, deuxième fille de Mathieu de Foix, comte de Comminges, S^gr de Serrières, chevalier de l'ordre de la Toison d'or et gouverneur du Dauphiné pour le roi Charles VII. Depuis cette alliance, les descendants d'Antoine de Bonneval furent toujours traités de *cousins* par les rois et les reines de Navarre, jusqu'à la reine Jeanne d'Albret, mère de Henri IV.

Ils eurent : 1° Germain, qui suit; 2° Foucaud, conseiller et aumônier de Louis XII, nommé évêque de Limoges, en concurrence avec Guillaume de Montbas: l'un et l'autre se désistant, il fut nommé évêque de Soissons, puis de Bazas, qu'il échangea avec le prieuré de Leirac contre l'évêché de Périgueux; 3° Jean, chevalier de l'ordre de Saint-Jean de Jérusalem, commandeur de La Chaut, du temple de Magnac et de Moissanes ; 4° Charles, qui fut évêque de Sarlat; 5° Jean, le jeune, S^gr du Teil, puis de Bonneval; 6° Guillaume, archidiacre de Comminges et abbé de Feuillens; 7° Geoffroy, abbé commendataire de Saint-Augustin-lez-Limoges, 1551 ; 8° Gabrielle, qui épousa François Cotet, S^gr des Biars ; 9° Françoise, mariée à Jean Chauvet ; 10° Antoinette, qui épousa Pierre de Gain.

VII. — Germain, chevalier, conseiller et chambellan du roi, gouverneur et sénéchal du Haut et Bas-Limousin, S^gr de Bonneval, Coussac et Blanchefort, baron de Coaraze, Appel, Saint-Félix, Agenis, Maraselle, Mervelles, Mouchez, Chef-Boutonne et de Bury.

Branche des seigneurs de La Roque, Meissac et Rochebrune.

VI *bis*. — Foucaud, damoiseau, S^gr de La Roque, Rochebrune, Mimolle et Meyssac. Ce dernier fief était entré dans la famille dès l'année 1445. En ce temps vivait Olivier de Bonneval, qui acquit la terre de Meyssac, en la paroisse de Lubersac en Limousin, d'Antoine de Meyssac, 24 février 1445. On ne sait à quel titre elle est échue à Foucaud, fils puîné de Bernard. Il était en 1473 un des gentilshommes de la maison de Louis XI, puis lieutenant de la compagnie de trente lances de l'ordonnance du roi, à la mode d'Italie. Il avait été marié, 1477, à Gabrielle de Lestranges, fille de Mondon de Lestranges, chevalier, S^gr d'Augheac et de Durat, et de Marguerite de Durat. De cette alliance vinrent : 1° Jean de Bonneval, homme d'armes de la compa-

gnie du connétable de Montmorency ; 2° *Foucaud de Bonneval, deuxième du nom, S^{gr} de Meyssac, épousa Marie
de Brachet, fille de Guy de Brachet, titré baron de
Pérusse, et de Catherine d'Aubusson ;* 3° Antoine, archer
de la compagnie de quarante lances du S^{gr} Jean de Bonneval, 1531, puis homme d'armes de celle du connétable
de Montmorency ; 4° et 5° Gabrielle et Marguerite, religieuse à Saint-Pardoux, diocèse de Périgueux, 1498.

DE LA MOTHE

De La Mothe, S^{grs} du Maslaurens, de La Brousse, de
Flomont, de Saint-Pardoux, de Meyssac, de Peuchaud,
etc. Cette noble famille appartient à la Marche. Les terres
de Peuchaud et de Saint-Pardoux, en Auvergne, lui échu-
rent par suite du mariage contracté par Jacques de La
Mothe, S^{gr} de Flomont, avec Jeanne de Douhet, avant
1669 (*Nobiliaire d'Auvergne*). Les de Lamothe furent
maintenus en 1666 dans leur noblesse d'extraction sur
preuves remontées à 1540.

I. — Gilbert de La Mothe, écuyer, vivant en 1418,
épousa Catherine de Faydet, dont un des ancêtres, Gérard
Faydet ou Faydit, fut le vingt-cinquième abbé de Saint-
Martial, et en fit écrire le *Coutumier,* de 1295 à 1298. Il
eut de ce mariage :

II. — Antoine de La Mothe, vivant en 1448 et père de :

III. — François de La Mothe, S^{gr} de La Brousse et du
Maslaurens en 1506. Il épousa Anne de Rochefort, fille de
Gilbert, S^{gr} de Saint-Martial, et de Claude de Saint-
Georges. Il testa le 2 janvier 1546, laissant : 1° Jean, qui

suit; 2° François, chevalier, S^{gr} du Maslaurens, marié à Françoise de Lestranges, fille de Guinot II, capitaine de cent hommes d'armes, et de Catherine de La Roche; de cette union : A. Louise, mariée, le 3 janvier 1575, à Charles de Bosredon, chevalier, S^{gr} de Léclause; B. *autre Louise, dame du Maslaurens, mariée le 24 avril 1567 à Jean de Brachet, fils de Guy, chevalier, S^{gr} de Pérusse, et de Catherine d'Aubusson.* Veuve de Jean Brachet, Louise épousa en secondes noces, le 15 février 1592, Léonet de Lage du Brudieu, baron de Giat, S^{gr} de Feydet et de Foulage; c. Françoise, *épouse Louis de Brachet, fils de Guy et de Catherine d'Aubusson.*

A la date de 1618, on trouve une transaction entre Léon ou Lyonnet et François Brachet d'une part, et demoiselle Jacqueline de La Mothe, épouse de Louis de Brachet, au sujet de la succession du fils d'Annet de La Mothe, Henri, mort intestat.

IV. — Jacques de La Mothe, S^{gr} du Maslaurens, épouse Françoise de Sens, qui est veuve avant l'année 1589 et qui donne le tiers de ses biens à son fils unique, Annet. D'eux sont nés : 1° Annet; 2° Jeanne; 3° *Jacqueline de La Mothe, veuve de Mathurin de Saint-Julien, S^{gr} de Teyrac et de La Borne, et épouse en secondes noces de Louis Brachet, S^{gr} de La Nouaille, fils de Lyonnet et de Françoise de Coux.*

V. — Jean de La Mothe, écuyer, S^{gr} de La Brousse, épousa Catherine de La Ganne, dont il eut :

VI. — François II de La Mothe, chevalier, S^{gr} de La Brousse, marié le 22 février 1588 à Marguerite de Meillars; de ce mariage : 1° Antoine, qui suit; 2° Jean, marié en 1624 à Marguerite de Veyrac, dont : A. Anne, S^{gr} de Flomont, marié en 1647 à Jeanne de Moriolis ; 3° Jacques,

écuyer, marié en 1642 à Anne de La Croix de Castries;
de cette union : *a.* Philippe, écuyer, Sgr de Saint-Pardoux,
marié à Jeanne de Douhet de Merlat; de cette union :
aa. Françoise, dame de La Brousse, mariée en 1713 à
Jean-Joseph de Langlade, écuyer, Sgr de Vaux, capitaine
au régiment de Léon.

VII. — Antoine de La Mothe, écuyer, Sgr de La Brousse,
épousa Gabrielle de Rozet, dont il eut : 1° Guillaume;
2° Marguerite; 3° François.

Armes : *de sable au lion grimpant d'argent, lampassé,
armé et couronné d'or.*

MAILLÉ

Hardoin de Maillé, dit de La Tour-Landry, épousa Antoinette de Chauvigny, dame de Châteauroux.

Hardoin de Maillé, dixième du nom, troisième fils de
Hardoin, baron de Maillé et d'Antoinette de Chauvigny,
vicomtesse de Brosse, fille de Guy, baron de Châteauroux,
vicomte de Brosse, et de Catherine de Laval, eut pour sa
part les baronnies de Saint-Chartier, Châteauroux et La
Châtre, avec les seigneuries de Dun-le-Palleteau, de Murat,
en la Marche. Il épousa en 1494 Françoise de La Tour,
fille et principale héritière de Louis, Sgr de La Tour-Landry,
et de Catherine Gaudin, dont :

Jean de Maillé de La Tour, comte de Châteauroux, etc.,
époux d'Anne Chabot, dame de Brion, fille de Robert,
baron d'Aspremont, et d'Antoinette d'Illiers, dont naquit :

François de Maillé de La Tour, comte de Châteauroux;
il avait épousé en 1564, Diane de Rohan, fille de François,

Sᵉʳ de Gié, etc., et de Catherine de Cilly; d'eux naquirent :
1° Jean, qui, en 1613, vendit le comté de Châteauroux au
prince de Condé; 2° *Diane, mariée en 1594 à Guy Brachet, Sᵉʳ de Pérusse, de Saint-Dizier, fils de Jean et de
Marguerite-Michelle de Crevant; 3° Françoise, épousa
François Brachet, frère de Guy.*

DE LESTRANGES

Les de-Lestranges, barons de Magnac et de Montvert,
marquis de Lestranges en Limousin, vicomtes de Cheylane,
Sᵉʳˢ de Saint-Privat (Bourges), Durat, Leyris et Chapdes
en Auvergne, illustre et ancienne maison de chevalerie en
Limousin, laquelle a pris son nom d'une terre située dans
cette dernière province et que Marie de Lestranges porta
avec Cheylane à René de Hautefort, Sᵉʳ du Teil, par
contrat de 1579. Elle établit sa filiation depuis Falcon de
Lestranges, 1350, qui fut père de Raoul, qualifié haut et
puissant et magnifique seigneur, parent du pape Grégoire XI, et de Guillaume de Lestranges, archevêque de
Rouen, nonce du pape Grégoire XI, auprès du roi de
France, Charles V. Il fut conseiller d'Etat et fonda la
chartreuse de Rouen, où il est inhumé. Son neveu, Hélie
de Lestranges, fut évêque du Puy (1417), fonda le couvent
des Cordeliers de cette ville et assista au concile de Constance (1414-1417).

Guy de Lestranges épousa en 1456 Jeanne de Joyeuse
fille de Louis et de Jeanne Loubette.

François, prieur de Saint-Nicolas d'Aci, mort en 1525.

François, évêque d'Alet en 1564.

Louis de Lestranges, Sᵉʳ de Magnac, chevalier des

ordres du roi, époux de Blonde de Langeac, fut fait lieutenant général de la Haute et Basse-Marche par le roi Charles IX, gentilhomme ordinaire de la chambre de Sa Majesté. Il fut père de François, S^{gr} de Magnat, gouverneur de Felletin, lequel laissa plusieurs enfants, entre autres : 1° René, S^{gr} de Magnat, capitaine d'hommes d'armes (1626), chevalier de Notre-Dame-du-Mont-Carmel et de Saint-Lazare ; 2° Guy, S^{gr} du Leyrit et des Outeix, marié : 1° à une demoiselle de Larochedragon ; 2° à Gilberte du Plantadis.

François, S^{gr} de Magnat, a épousé Louise de Brachet, fille de Jean, écuyer, baron de Magnac, et de Jeanne de Blanchefort, bisaïeule de Charles, duc de Lesdiguières, et nièce de Guy de Blanchefort, grand prieur d'Auvergne et nommé grand-maître de Rhodes (1577).

Il se pourrait que de son alliance avec Gilberte du Plantadis François de Lestranges aurait eu : 1° Antoine, tonsuré en 1597, commandeur de Saint-Antoine de La Chassagne (paroisse de Saint-Frion) en 1603 ; 2° Annet-Marie, baron de Magnat, époux d'Anne d'Arfeuille, dont Henri-Jean-Louis, tonsuré en 1667.

Joseph, marquis de Lestranges, épousa Anne-Catherine de Soudeilles, dont il eut : 1° Michel, tonsuré en 1724 ; 2° Alexandre-Charles, comte de Lestranges, qui épousa en 1770 Alberte-Gabrielle de Montaignac (diocèse de Bourges).

Alexis de Lestranges, bailli de Lyon pour l'ordre de Malte, en 1787.

Marie-Henriette, abbesse du chapitre noble de Laveine (1782, 1790).

Armes : *de gueules, à deux lions d'or mal ordonnés, surmontés d'un léopard d'argent.*

VENTADOUR DE LÉVIS

Cette généalogie étant très étendue, nous ne donnerons la filiation exacte que pour ce qui regarde la branche des Lévis, alliée aux Brachet.

VICOMTES DE VENTADOUR, SORTIS DES COMBORN.

Branche de Donzenac.

SECONDE RACE DES SEIGNEURS DE VENTADOUR

Lévis Ventadour porte : *d'or, à trois chevrons de sable.*
Blanche de Ventadour, fille de Louis, comte de Ventadour, Sgr de Grange, et de Catherine Beaufort, dame de Charlus, épousa, 1492, Louis de Lévis, baron de La Voute en Vivarais. Il comptait onze générations et était fils de Bernard de Lévis et d'Agnès de Châteaumorand. C'est une opinion fabuleuse de faire descendre la maison de Lévis de la tribu de Lévy d'où était issue la sainte Vierge : Gefrier l'avait dit et d'autres sans doute après lui. De ce mariage naquirent : 1° Gilbert, qui suit; 2° Jean, auteur de la branche de Charlus; 3° François, évêque de Tulle; 4° Charles, abbé de La Valette et de Bonnaigue; 5° Catherine.

XII. — Gilbert de Lévis, premier du nom, fut fait panetier du roi Charles VIII, 1495; fut blessé à la bataille de Marignan, 1525. Ventadour fut érigé en duché en sa faveur et en celle de ses successeurs mâles, 1518. Il avait épousé Jacqueline du Mas, dont il eut : 1° Gilbert, deuxième du

nom ; 2° Pétronille, mariée : 1° à Joachim de Chabanne ;
2° à André de Crussol ; 3° Blanche, alliée à Louis d'Agout.

XIII. — Gilbert, époux de Suzanne de Leyre, dame de
Lamotte de Grigni, dont il eut : 1° Gilbert, troisième du
nom ; 2° Martial, aumônier du roi, abbé commendataire
d'Auberive (diocèse de Limoges), 1554 ; 3° Jacqueline ;
4° Françoise ; 5° Blanche, épouse de Louis d'Amboise.

XIV. — Gilbert. Les historiens l'appellent brave et vaillant seigneur. Pour avoir part à l'honneur et réputation,
il alla en 1555, de son plein gré, secourir la fortification de
Saint-Joco, assiégée par le duc d'Albe. Il combattit au pont
de Stur en Piémont, où il fut blessé à mort par les Espa-
gnols, 1555. Il était gouverneur du Limousin, puis du
Lyonnais, Forez et Beaujolais. Il avait épousé Catherine
de Montmorency, fille d'Anne, duc de Montmorency, puis
connétable, et de Madeleine de Savoie. De ce mariage
naquirent : 1° Gilbert de Lévis, mort avant son père ;
2° Anne, qui suit ;

XV. — Anne de Lévis, chevalier, gouverneur du Haut et
Bas-Limousin, sénéchal, lieutenant-général du Languedoc
en 1600. Il servit le roi en maints combats contre les
ligueurs ; donna 6,000 livres à la réédification de l'église
du prieuré du Port-Dieu. Le P. Monier, jésuite de Bordeaux, fit imprimer son oraison funèbre. Il avait épousé
Marguerite de Montmorency, sa cousine-germaine, dont il
avait eu :

1° Henri, pair de France, baron de Donzenac, prince de
Maubuisson, époux de Marie-Liesse de Luxembourg ; elle
n'avait que douze ans. Longtemps homme de guerre,
n'ayant point d'enfants, il se sépara de sa femme en 1628,
céda à son frère la dignité de duc de Ventadour et se fit
d'église, — fut pourvu d'un canonicat à Notre-Dame de

Paris. Il emporta à Notre-Dame, en 1643, 18 mai, les
entrailles de feu roi Louis XIII, mourut le 14 octobre 1680,
âgé de quatre-vingt-quatre ans, et enterré à Notre-Dame.
Sa femme s'était faite carmélite, 1640, et mourut dans le
monastère qu'elle avait fondé; 2° François, abbé de Meymac; 3° Charles, qui suit; 4° François-Christophe, premier
écuyer de Gaston de France, duc d'Orléans, gouverneur
du Limousin, vice-roi d'Amérique en 1655, épousa Anne
Le Camus de Jambeville; 5° Anne, abbé de Meymac, mort
archevêque de Bourges, 1662; 6° Louis-Hercule, jésuite,
abbé de Saint-Martin-aux-Bois, mort évêque de Mirepoix,
1679; 7° Charlotte-Catherine; 8° Marie, abbesse d'Avenai,
puis de Saint-Pierre-de-Lyon.

xvi. — Charles de Lévis, comte de Montbrun, marquis
d'Annonais, duc de Ventadour, pair de France, fut nommé
en 1604, par Henri IV, à l'évêché de Lodève; mais il ne
fut pas sacré à défaut d'âge. Trois ans après, il se démit
et retourna au siècle. Il mourut à Brive âgé de quarante-
neuf ans. Son corps fut porté à Egletons, puis à Ussel, sa
résidence ordinaire. Le chapitre et la paroisse d'Eymou-
tiers firent, le 30 mai, un service solennel; celui de la
cathédrale eut lieu le 11 juin 1649. Il avait épousé :
1° Suzanne de Laurière, marquise de Themines; 2° Marie
de La Guiche, dont il eut : 1° Louis-Charles, qui suit;
2° Marie-Henriette, religieuse de la Visitation à Moulins;
3° Marguerite-Félicité, mariée en 1667, à Jacques-Henri
de Durfort, duc de Duras.

xvii. — 1717, Louis-Charles était tout contrefait, on ne
croyait pas qu'il dut vivre. Il avait épousé en 1672 Cathe-
rine-Eléonore-Madeleine de La Motte-Houdancourt, gou-
vernante du roi Louis XV, fille de Philippe, duc de Car-
donne, et de Louise de Prie. De ce mariage est issue une

fille unique, Anne-Geneviève, mariée : 1° à Louis-Charles
de Latour de Bouillon; 2° à Hercule Mériadec de Rohan,
duc de Rohan-Rohan, prince de Rohan, dont : Louis-
François-Jules.

Branche des barons et comtes de Charlus.

xii. — 1519, Jean de Lévis, deuxième fils de Lévis,
baron de La Voute, et de Blanche de Ventadour, fut baron
de Charlus, S^{gr} de Champagne, des Granges et de Marge-
rides. Il avait épousé Françoise de Poitiers, fille d'Aymard,
S^{gr} de Saint-Valliers, et de Jeanne de La Tour, 1501.
D'eux naquirent : 1° Gilbert; 2° Charles, qui suit; 3° Louis,
S^{gr} de Beauregard, en Bourbonnais; 4° Jean, chevalier
de Saint-Jean de Jérusalem, tué à la prise d'Alger, 1541,
puis des filles.

xiii. — Charles de Lévis, baron de Charlus, vicomte de
Lugni, S^{gr} de Poligni, etc., conseiller et chambellan du
roi, panetier du roi Henri II, gentilhomme ordinaire de sa
chambre, capitaine de la Grosse-Tour de Bourges, grand-
maître et général réformateur des eaux et forêts de France,
épousa *Marguerite Brachet, fille de Mathurin Brachet,
chevalier, chambellan du roi, S^{gr} de Montaigu-le-Blanc,
Salagnac et Fontbusseau, et de Marguerite de Pontville.*
D'eux naquirent entre autres :

xiv. — Claude, grand et riche S^{gr} d'Auvergne, panetier
du roi, etc., marié en 1559 à Jeanne de Maumont, dont :
1° Jean-Louis, qui suit; 2° Jeanne-Gabrielle de Lévis,
mariée le 24 avril 1597 à *Edme Robert, S^{gr} de Lignérac*

et de Saint-Chamans, maréchal des camps et armées du roi, S^{gr} *de Saint-Quentin;* elle avait été demoiselle de Catherine de Médicis.

xv. — Jean-Louis, épousa Diane de Daillon de Lude, fille de Guy et de Jacqueline de Lafayette, dont entre autres :

xvi. — Charles, époux d'Antoinette de Lhopital. Il laissa :

xvii. — Roger, épousa : 1° Jeanne de Montjouvent; 2° .....; 3° ....., dont il eut : 1° Charles-Antoine; 2° Gilbert, abbé du Port-Dieu.

xviii. — Charles-Antoine, marié à Marie-Françoise de Paul de Bethisi, dont : 1° Charles-Eugène, qui suit; 2° Catherine-Agnès; 3° Marie-Charlotte, abbesse à Notre-Dame de Nevers; 4° Marie-Henriette, *idem.*

xix. — Charles-Eugène, épousa Marie-Françoise d'Albert de Luynes, dont : Charles, mort à Paris, à vingt-six ans, sans avoir été marié.

Troisième race des seigneurs de Ventadour.

Louis-François-Jules, duc de Rohan, appelé le prince de Soubise, avait épousé, 1714, Anne-Julie-Adélaïde de Melun, fille de Louis, prince d'Epinoi, dont il eut : 1° Charles; 2° Armand, appelé l'abbé de Ventadour, mort cardinal, évêque de Strasbourg.

Charles de Rohan, héritier de beaucoup de terres, épousa : 1° 1734, Anne-Marie-Louise de Latour de Bouillon, dont une fille, Charlotte-Godefroide-Elisabeth, mariée,

1753, à Joseph-Louis, duc de Bourbon, prince de Condé ; 2° Thérèze, princesse de Savoie, fille du prince de Carignan, 1741 ; 3° Anne-Victoire-Marie-Christine, princesse de Hesse-Rhinsfeld, 1728.

DU MAS

La famille du Mas de Paysac, connue au moyen-âge, sous le nom de Manse, tire son origine d'un fief noble nommé Manse ou Mas, paroisse Saint-Eloi, près Ségur, en Limousin. Elle s'est divisée en plusieurs branches : 1° celle des marquis de Paysac, branche aînée ; 2° celle de La Lande, représentée actuellement par MM. du Mas des Bourboux, en Périgord ; 3° celle de La Beylie. Ses armes les plus anciennes : *d'azur, au chevron d'or, accompagné en pointe, d'un lion rampant que surmonte une étoile et en chef de trois croissants d'argent rangés ;* supports : *deux griffons.*

I. — Eymeric, épousa Gabrielle de Mespias, dont : 1° Jean.

II. — Jean, écuyer et premier panetier de Jacques de Bourbon, roi de Hongrie, Sicile et Jérusalem, eut deux fils, dont :

III. — Eymeric, deuxième du nom, épousa noble Marguerite de La Vergne, dont 1° Rigaud ; 2° Alaire, recteur de Saint-Eloi ; 3° Jean ; 4° Hélie, auteur de la branche de La Lande.

IV. — Rigaud, eut deux fils : 1° Reynault, qui suit ; 2° Antoine, Sgr de La Serre, marié à noble .... Hélie de Pompadour, sans postérité.

v. — Reynault, épousa Suzanne de Seguin, dont Jacques; de cette époque, le nom du Mas est substitué à celui de Manse.

vi. — Jacques, épousa Catherine de Salaignac, dont il eut : 1° Antoine; 2° Rigaud.

vii. — Antoine, épousa Anne du Bois, dont Pierre, qui suit.

viii. — Pierre épousa, 1575, Léonarde de Beaupoil de Saint-Aulaire, fille de François et de Françoise de Volvire-de-Ruffec, dame d'honneur de la reine-mère, dont : 1° Peyrot, et trois filles.

ix. — Peyrot, épousa Gabrielle de Couillaud de Hauteclaire; il eut : 1° Gabriel; 2° François; 3° Suzanne, mariée à Jean de Joubert, S^{gr} de La Coste, de Nanthia et de Juvénie; 4° Renée; 5° Marie; 6° Jeanne.

x. — Gabriel, écuyer, S^{gr} de La Borie, Paysac, La Serre, Estivaux, etc., épousa Jeanne de Meilhars, dont : 1° Philippe; 2° Jacques; 3° Pierre-Julien, marié à Françoise de Jarrige, et dont la fille, Julie-Charlotte, épousa Jean-Georges de La Roche-Aymon, S^{gr} de Sarrette; 4° Jean, chevalier non profès de l'ordre de Malte, colonel du régiment de Paysac-dragons, fut tué à la prise de Barcelonne; 5° Pépy-François, chevalier non profès de l'ordre de Malte; 6° François, *idem*; 7° Pierre; 8° Eléonore; 9° Renée; 10° Suzanne; 11° Marie, religieuse novice à Ligueux.

xi. — Philippe, épousa Marie-Suzanne de Pommiers, dont : François; 2° Jacques; 3° Jeanne, épouse de Gabriel du Repaire, S^{gr} de Livron; 4° Julie; 5° Françoise; 6° Jeanne-Thérèze.

xii. — François, se maria avec Paule-Marie-Thérèse de Boisse, 1722. Il eut sept enfants, dont :

xiii. — Joseph-François, se maria à Gabrielle de Chapt-de-Rastignac. Ils eurent cinq enfants.

xiv. — Charles-Antoine-Armand, épousa Pétronille de Burman, dont : 1° Joséphine-Jeanne-Cécile-Héloïse, née en 1786, mariée à Charles de Vins, son cousin ; 2° Jeanne-Caroline-Gabrielle, mariée au baron de Stassard.

Branche de La Lande.

v. — Hélie, fils d'Hélie et de Françoise de La Geneste, épousa, 1504, Charlotte de Pons, dont : 1° Léonard ; 2° Jacques, dont la descendance mâle existe encore ; 3° Léon ; 4° François ; 5° Jeanne ; 6° Isabeau ; 7° *Antoinette du Mas, veuve de M^{ir} François de Joussenot, S^{gr} de Montantin, mariée en deuxièmes noces à Lionnet Brachet, écuyer, S^{gr} de La Nouaille, 1582.*

vi. — Jacques, marié à Marie de Brémond du Puy, eut entre autres enfants :

viii. — Léonard, époux d'Anne-Marie du Rieu, dont entre autres :

ix. — Pierre, qui se maria avec Catherine du Castaing ; il eut entre autres :

xi. — Pierre, deuxième du nom, épousa Anne-Marie de Tourtel, dont sept enfants, entre autres :

xi. — Etienne, marié à Jeanne de Chantegrel, 1735 ; il en eut trois enfants, entre autres :

xii. — François-Cosme, époux de Françoise de Vaucocour. Il mourut en 1791, laissant un fils.

xiii. — Etienne, deuxième du nom, époux de Jeanne Montard ; eut pour enfants : Elisabeth, Anne, Mathieu, Jean-Louis.

ROCHECHOUART

Porte : *d'argent et de gueules de six pièces enté l'un en l'autre, ou enté en fasce d'argent et de gueules de six pièces, ou ondé d'argent et de gueules de six pièces en fasce.* (LABBE.)

Nous n'avons point, selon Le Laboureur, homme très versé dans les généalogies, de maison en France qui surpasse celle de Rochechouart, en grandeur d'origine et en antiquité, et il y en a peu qui l'égalent. La fortune n'a rien contribué à son progrès, et si elle a perdu les terres de ses premiers aïeux, par l'extinction de ses branches aînées, elle s'est revêtue d'autres dépouilles de maisons illustres par un heureux échange de leur sang avec le sien. Rochechouart est, dit Thevet, une des six vicomtés et des fiefs les plus considérables du comté du Poitou.

En France, il y a plusieurs lieux assis sur des monts et rochers, lesquels en suite de leur nom d'assiette ont retenu aussi ceux de leurs fondateurs et des seigneurs les plus anciens qui les ont accrus et fortifiés. Ainsi Rochechouart ne signifie autre chose que la roche d'Echivard ou Choüard.

i. — Aymeric de Limoges, surnommé Ostofrancus, cinquième fils de Giraud, vicomte de Limoges, fut le premier vicomte de Rochechouart, lequel titre il transmit à sa postérité, qui dure encore.

ii. — Aymeric II épousa Erminsinde, fille de Foucaud, Sgr de Champagnac.

iii. — Aymeric III confirma à Giraud, abbé d'Uzerche, les donations qu'avait faites son aïeul, rendit aux moines

7

l'église de Nieul, plus la forêt d'Espinasse. Il eut pour femme Alpaïs, dè la maison de Salagnac.

iv. — Aymeric IV fit le voyage de la Terre-Sainte et épousa ...., dont :

v. — Aymeric, dont vi. — Aymeric VI fonda en 1205 le prieuré de Trezen, ordre de Grandmont. Homme-lige du roi, il tenait de lui la ville et le chastel de Rochechouart; il épousa Luce, dame de Pérusse.

vii. — Aymeric VII, époux de Alix, héritière des Mortemart, 1205 .....

viii. — Aymeric VIII, premier S^{gr} de Mortemart et de Pérusse. Il épousa Marguerite de Limoges, fille de Guy, vicomte de Limoges et d'Ermengarde. Marguerite épousa, dit-on, en deuxièmes noces Archambaud, comte de Périgord. Son épitaphe se trouve à Saint-Yrieix : *Margarita bona, patriæ pretiosa, matrona felix, miseris dans plurima, una ad parvos humilis, ad magnos corde difficilis, prudens, discreta, generosâ prole repleta, det ei Deus requiem. Obiit 9 septembris* 1259.

ix. — Hémery ou Aymeric IX, marié en 1251 à Jeanne de Tonnay de Vivonne, qui mourut de couches et fut inhumée au prieuré du Châtenet par l'évêque de Limoges. Son épitaphe est : *Nutrix pauperum, consolatrix viduarum, substentatrix afflictorum, domina Joanna de Tonneio super Charantonem, vice-commissa de Rupecavardi, cum angelis et sanctis recipiat portionem. Obiit, anno Domini* 1263, *in crastinâ Epiphaniæ.*

x. — Aymeric X épousa Jeanne, fille de Guy de Vivonne. Il légua aux frères mineurs de Saint-Junien 13 livres de rente et fut inhumé chez eux avec leur habit.

xi. — Aymeric XI, époux de Dalmaise, fille d'Hélie Rudelli, n'eut point de postérité.

x *bis*. — Simon, fils d'Aymeric IX, prit à l'âge de onze ans l'habit des frères prêcheurs, et fit chez eux trois professions, demeura trois ans parmi ces religieux, mais les professions furent déclarées nulles par l'évêque de Limoges; absout par le pape, il obtint la permission de se marier. Il épousa Laure de Chabannais, dont il eut entre autres enfants :

XI. — Jean, premier du nom, tué à la bataille de Poitiers, 1356, et enterré chez les Dominicains de cette ville, où on voit son écu le premier en rang dans le chœur de l'église, entre ceux des seigneurs qui périrent à la même bataille. Il avait épousé Jeanne de Sully, fille de Henri, grand bouteiller de France, et de Jeanne-Marguerite de Bourbon (Vendosme). Ils eurent entre autres :

XII. — Louis, qui épousa : 1º Marie de Javerlhac; 2º Marie Vigier ou Isabeau de Parthenay.

XIII. — Jean, deuxième du nom, vicomte de Rochechouart, Sgr de Tonnay-Charente, Javerlhac, Charroux, du Bourdet, en Angoumois, accompagna le roi en Allemagne avec un chevalier et six écuyers, en 1388. Il se trouva à la consécration de la sainte-chapelle à Bourges, 1405. Conseiller et chambellan du roi Charles VI, en 1416, fut marié à Eléonore de Mathefélon, dame de Fars, Ivoy, Marogue, Bréviandes, Maupas et la Chappelotte. Ils eurent entre autres enfants : *Geoffroi, Sgr du Bourdet, qui épousa Huguette Brachet, fille de Jean et de Marie de Vendôme, et eut pour fille Catherine, qui se maria à Louis d'Aubusson, Sgr de La Feuillade, gouverneur de Guise en 1483; elle était veuve en 1506.*

GALARD (Gallard — Goullard)

Maison des plus illustres de la Guyenne et de la Gascogne. Elle tire son nom de la terre de Galard en Condomois. La tradition du pays la fait sortir des anciens comtes de Condomois, cadets des ducs d'Aquitaine.

Les premiers du nom de Galard que l'on connaisse par les titres sont : Aymeric et Gérault de Galard.

Guillaume, sire de Galard, fut l'auteur de la branche des Galard, S^{grs} de Terraube, créés marquis en 1683, dans la personne de Jean-Louis de Galard.

Cette branche a donné au xv° siècle un sénéchal d'Armagnac (Jean, S^{gr} d'Isle), en 1310; un grand arbalétrier de France (Pierre de Galard); un gouverneur et sénéchal d'Auch, en 1315 (Assien de Galard). — En 1628, un capitaine de compagnie, dans le régiment de Champagne, à la tête de laquelle il fut tué au siège de La Rochelle (Philippe de Galard); deux capitaines dans le régiment de Languedoc (Paul et Marc-Antoine); trois capitaines dans le régiment de Fimarcon, dont un, Henri, se distingua à la journée de Crémone; — un chevalier de Malte (Jean-Jacques), etc. Cette branche aînée des Galard existe encore aujourd'hui, représentée par Jacques-Étienne-Marie-Firmin-Hector, marquis de Galard-Terraube.

Branche des Galard-Brassac de Béarn.

I. — Bertrand, baron de Brassac, épousa Esclarmonde de Thésac. Il en eut : 1° Pierre-Guillaume, qui suit;

2° Pierre, second évêque de Condom en 1340; 3° Viguier.

II. — Pierre-Guillaume de Galard, marié à Gillette du Maine, en eut : 1° Guillaume, qui suit; 2° Anne-Marie, épouse, en 1380, d'Odet de Pardaillan, Sᵍʳ de Gondrin.

III. — Guillaume, épousa en 1366 Borgue de Beauville, dont : 1° Galard de Galard;

2° IV. — Jean, époux de Bertrande de Manas, dont il eut : 1° Pierre, grand-sénéchal du Quercy; 2° Jean; 3° Hector, chambellan du roi Louis XI, chevalier de son ordre, et commandant les gentilshommes à bec de corbin, plus quatre filles mariées.

Bien qu'il soit omis par Nadaud, c'est à cette date que doit figurer *Gérault de Galard, époux de Huguette Brachet, fille de Jean et de Marie de Vendôme, et qui eut pour second mari Geoffroi de Rochechouart.*

La famille de Galard de Béarn porte : *écartelé au 1ᵉʳ et au 4ᵉ d'or, à trois corneilles de sable becquées et membrées de gueules,* qui est de Galard; *au 2ᵉ et 3ᵉ d'or, à deux vaches passantes accolées, accornées et clarinées d'azur,* qui est de Béarn. Couronnes : *de marquis et ducale.* Cimier : *une tête de licorne d'argent.* Supports : *deux griffons ailés.* Devise des Galard : *Invia nulla via.* Devise de Béarn : *Gratiâ Dei sum quod sum.*

La maison de Galard fut apparentée par des mariages avec François Phœbus, prince de Béarn; Henri d'Albret, roi de Navarre; Ferdinand, roi de Castille et d'Arragon; Charles VIII et Louis XII, rois de France; Ladislas, roi de Bohême et de Hongrie; la reine Anne de Bretagne; Marguerite de Provence et autres personnalités princières. (D'HOZIER.)

JARRIGES

Sieur de La Morélie, viguier de Saint-Yrieix (en Limousin), porte : *d'azur au chevron d'or, sommé d'une croisette de même, accompagné en tête de deux palmes d'argent et en pointe d'une tour de même, maçonnée de sable, deux satyres pour supports.*

i. — Pierre Jarriges, trésorier à Limoges, eut des lettres d'anoblissement en 1613, duement vérifiées. Le chapitre de Saint-Yrieix le nomma juge-viguier, 1601. Il épousa ......, dont Jean, qui suit...... Hélie, trésorier de France à Limoges, épousa Madeleine-Aymerie de Chastaing.

ii. — Jean épousa, 1625, Galienne de Reynes, dont : 1° Marc, qui suit; 2° Louis; 3° Hélie et Paul, tonsurés.

iii. — Marc épousa Nicole de Jousseneau.

Notes isolées : Hélie, sieur de Puyredon, épousa, 1681, Jeanne Joubert de Nantiac. Marc de La Morélie, écuyer, Sᵍʳ de Salaniac, sieur des Biars, *épousa : 1° Jeanne de Brachet, dame des Biars, demoiselle de Roffignac, dans l'église d'Uzerche, 29 janvier* 1732; 2° dans l'église de Saint-Ibard, 1740, Gilon Pradel de La Maze, fille de Charles, écuyer, lieutenant-général de la sénéchaussée d'Uzerche, et de feue Suzanne de Maumont, dont : Henri, chanoine de Limoges et prieur de Champagnac. En 1737, est né, de Charles-Joseph et de Luce de Coux, Pierre, chanoine de la cathédrale, docteur en théologie de la faculté d'Angers, premier professeur de théologie au collége de Limoges, élu doyen du chapitre de Saint-Yrieix, le 19 janvier 1767.

Tout incomplète qu'elle soit, cette étude suffit pour nous démontrer la noblesse des alliances contractées par la maison de Brachet. — Résumons. Cette famille s'est unie :

1° à celle de *La Tour-d'Auvergne,* par le mariage de Mathurin Brachet, avec Catherine d'Aubusson, sœur du grand-maître de Malte, fille ou petite-fille d'une *La Tour-d'Auvergne* ;

2° à celle de *Noailles,* par deux côtés : l'un par Escodéca de Boisse, nom de la mère de M. Brachet du Maslaurens ; l'autre par une d'Escars, mariée à un Sgr de Noailles ;

3° à celle de *Lévis,* par une Brachet, de Magnac et de Pérusse, qui épousa *Charles de Lévis,* Sgr de Bruis, grand-maître des eaux et forêts de France ;

4° Celle de *Duras,* par l'alliance de la maison de Lévis et par la même alliance à Mme la duchesse de Lauraguais ;

5° Celle de *Sully.* Jacques Brachet, fils de Jean et de Marie Vendôme, épousa *Marie de Sully,* dame de Magnac, issue par mâles, au onzième degré, d'Etienne, comte de Champagne, marié avec Alix, fille de Guillaume le Conquérant, roi d'Angleterre. Elle était aussi parente au huitième degré de Marie, dame de Sully, comtesse de Guines, etc., qui épousa : 1° Charles de Berry, petit-fils du roi Jean, et 3° Charles, sire d'Albret, connétable de France, sixième aïeul maternel du roi Henri IV (*Histoire des grands officiers de la Couronne,* t. Ier, p. 107.)

6° A la *Maison royale de France,* par le mariage de Jean Brachet, avec *Marie de Vendôme,* que l'on affirme avoir été très proche parente de Catherine de Vendôme, épouse de Jean de Bourbon, comte de la Marche, cinquième aïeul du roi Henri IV. Jacques de Bourbon, comte de la Marche, leur fils, le traite de son cher et amé cousin, dans les lettres qu'il lui accorda en 1415 (1).

_____

(1) « Dans la chapelle du château de Vendôme, on voit un tombeau avec cette épitaphe : Cy-git très haut et très puissant prince. messire Jean de Bourbon, jadis fils de très vaillant Sgr messire Jacques de Bourbon et

Par cette épitaphe il est prouvé que Jean de Bourbon a épousé Catherine, comtesse de Vendôme, et par les titres ci-devant énoncés, il est aussi prouvé que Jean de Brachet a épousé Marie de Vendôme, sœur de la susdite Catherine et par conséquent Jean de Brachet était beau-frère de Jean de Bourbon. — Du dit Jean de Bourbon ci-dessus descend, par Henri IV, la maison de Bourbon, actuellement représentée par nos S^{grs} les ducs de Nemours, d'Aumale, de Montpensier et le comte de Paris.

BAUDON DE MONY

Cette famille des Baudon est fort ancienne. Depuis plus de deux siècles, ses membres ont occupé les fonctions de fermiers-généraux et contrôleurs des domaines du roi, jusqu'à la Révolution. L'un d'eux, sous l'empire, fut nommé intendant dans l'administration militaire ; un autre fut créé sénateur, puis pair de France, préfet de Metz et chargé de missions diplomatiques très importantes. Un Baudon épousa une demoiselle de Ligniville, appartenant à une des grandes familles de la Lorraine ; elle compte parmi ses nombreu-

de Mme Jeanne de Saint-Pol, lequel seigneur fut jadis comte de Ponthieu et de la Marche, et connétable de France et fils de très excellent prince Monseigneur Louis, duc de Bourbon, fils du fils de Monseigneur Saint-Louis, et fut son épouse Mme Jeanne, fille du comte de Hainaut, lequel messire Jean eut épousé Mme Catherine, comtesse de Vendôme et Castres, et fut comte de la Marche, de Vendôme et de Castres, de Luze, Carenty, de l'Écluse, de Montargis, de Combresle, de Lésignan, de Pernon, Bretoncours, du Teil, de Ceilly, de Clary et de Quindebeuf ; eurent plusieurs enfants les dits seigneurs et dame, — lequel trépassa l'an de grâce 1393, le 2 juin. »

(Extrait des *Mémoires historiques, politiques, critiques et littéraires* de M. Amelot de La Noussaie, t. V, p. 123.)

ses alliances les de Selle, de Beauchamp, de Laroque-
Latour, de Tartas, de Rapp, de Trévise, de Chabot, de
Rosanbo, de Baulny, de Raincourt, de Limairac, de Gorsse,
de Granpré. Un des derniers descendants de cette famille,
décédé le 2 février 1884, à Paris, était Charles-Victor-
Auguste, comte Baudon de Mony-Colchen, conseiller-
maître à la Cour des comptes, officier de la Légion d'honneur.

LE VAILLANT DU DOUET

Originaire de Normandie, la maison Le Vaillant est une
des cinq familles de gentilshommes verriers, auxquelles
divers édits royaux ont accordé tant de priviléges et entre
autres, celui de non-dérogeance ; elle fut redevable des
mêmes faveurs aux ducs de Normandie. L'un de ses descendants vient d'écrire les origines de la noblesse de ses
aïeux. Notre cadre est plus borné ; il nous suffit de retra-
cer à grands traits les lignes de filiation qui nous conduiront
à une dernière alliance de cette famille avec celle du marquis de Floressac. Cette généalogie est extraite des actes
et contrat que renferment les archives de la maison sei-
gneuriale.

Cette maison a possédé un grand nombre de fiefs nobles,
qui ont donné leurs noms à diverses branches, et entre
autres, nous citerons la baronnie de Rebais, les seigneuries de Saint-André, de La Lande, du Clos, du Hazai, du
Douët, de Folleville, de Floreval, des Routhieux, de Charny,
du Buisson, de La Fieffe, Turenval, de Caligny, de
Monehy, de Valesus, de La Canne, d'Aubigny, de La

Haye, de Telle, de La Boissière, de Gladigny, de Plémont, de Valdollé, de Grandpré, etc.

Le premier personnage mentionné dans les actes, est :

I. — Jean Le Vaillant, écuyer, S^gr du Haistre Allain, qui épousa, par contrat du 15 mars 1516, Jeanne, fille de Richard Bouju, écuyer, dont il eut :

II. — Charles Le Vaillant, écuyer, sieur de La Lande, marié, par contrat du 18 octobre 1559, à Jeanne de Beauquesne, veuve d'Anicet Lemoine, dont :

III. — Damien Le Vaillant, écuyer, S^gr du Clos, marié à Suzanne du Buisson, dont :

1° Henri, qui suit ; 2° David Le Vaillant, écuyer, S^gr des Routhieux, auteur de cette branche éteinte ; 3° Jean Le Vaillant, écuyer, sieur du Buisson, auteur de la branche rapportée plus loin.

IV. — Henri Le Vaillant, écuyer, S^gr du Hazai, lequel épousa, par contrat du 24 septembre 1628, Claude du Bosc, dont :

V. — Charles Le Vaillant, écuyer, S^gr du Clos, marié, par contrat du 9 juillet 1662, à noble demoiselle Marie Le Beaule, fille de Guillaume Le Beaule, conseiller, avocat du roi, au siége du bailliage, vicomté, eaux et forêts de Lions, procureur du roi, au bailliage de Charleval, capitaine du dit lieu et bailli vicomtal de la haute justice de Basqueville. De ce mariage est issu :

VI. — Damien Le Vaillant, écuyer, S^gr du Hazai, qui épousa, en premières noces, par contrat du 3 décembre 1695, Aulé de Braquemont et en secondes noces, Marie-Magdeleine Dan ; de l'une de ces deux alliances est issu :

VII. — Louis-Damien Le Vaillant, écuyer, sieur du Hazai, qui épousa : 1° par contrat du 21 février 1730, Jeanne Perrine de Cherbonnier, fille de feu Pierre de Cherbonnier,

conseiller du roi et lieutenant en l'élection de Beaugé en
Anjou; et 2° le 13 août 1746, Marie-Anne-Suzanne de La
Berquerie, fille de Nicolas, sieur du Tronquoy et de dame
Marie du Cauroy : Il eut de cette union :

VIII. — Louis-Laurent-Jean-Baptiste Le Vaillant, chevalier, S^{gr} du Hazai et du Douët, né le 14 novembre 1752,
reçu, sur preuve de noblesse, dans les chevau-légers de la
garde du roi, le 12 juillet 1769. Il a épousé, le 8 janvier
1776, Françoise-Marcelle de Brossard, fille de Charles-
Amédée, marquis de Brossard, chevalier, S^{gr} de Saint-
Martin, de Folny et autres lieux, major de dragons, dans
la compagnie de Soubise, et de dame Angélique de Bour-
bel : De cette alliance sont issus : 1° Louis-Eugène, qui
suit; 2° Jules-Amédée Le Vaillant du Douët, né le 16 janvier 1792; lequel a épousé, en juillet 1842, Marie-Antoi-
nette-Alexandrine-Guillaine de Trécesson, fille du marquis
de Trécesson et de dame Romance de Mesmon, dont :
1° Marie-Mathilde-Joséphine Le Vaillant du Douët, née le
12 janvier 1846; 2° Marie-Thérèse-Clotilde-Alix Le Vaillant du Douët, née le 2 juillet 1851.

IX. — Louis-Eugène Le Vaillant du Douët, né le 1er janvier 1786, épousa en premières noces Adélaïde Le Mazu-
riel du Redan, morte sans postérité en 1827, et en secondes noces, le 20 avril 1830, Louise-Caroline-Esther Malet
de Graville, fille de Louis-Georges-Adrien Malet, comte
de Graville, et de dame Caroline-Joséphine-Alexandre de
Montlembert. Mort à Paris le 23 avril 1853. De son
second mariage, sont issus 1° Louis-Jules-Henri, qui suit;
2° Louise Gabrielle, née le 15 avril 1833, morte à Rome le
23 mai 1854.

X. — Louis-Jules-Henri Le Vaillant du Douët, chef de
nom et d'armes de sa famille, né le 27 février 1831, a

épousé, le 12 décembre 1855, Marie-Louise Préveraud de La Boutresse, fille de Jean-Nicolas Préveraud de La Boutresse et de dame Esther de Chabrol-Chaméane. De cette union sont nés trois enfants :

1° *Marie-Jeanne-Louise-Gabrielle, née le 6 septembre 1857, mariée le 29 avril 1879 à Alexandre-Léopold-Auguste Brachet, marquis de Floressac, fils de Victor-Joseph-Henri de Brachet et de Adrienne Baudon de Mony-Colchen ;*

2° Henri-Léopold-Gérard, né le 16 octobre 1860 ;

3° Charles-Robert, né le 7 août 1862.

Parmi les alliances de cette noble maison des Levaillant, une des plus illustres est sans contredit celle des Malet de Graville. On lit dans le *Nobiliaire* de Normandie. « L'illustre maison de Malet apparaît dès l'année 1066, à la bataille d'Hasting, dans la personne de Guillaume Malet, dont le grand courage et l'ardeur sont mentionnés par tous les chroniqueurs de cette époque, qui vit tomber le règne des Anglo-Saxons ; c'est à cette date que brilla l'étendard de Guillaume-le-Conquérant, qui comptait au nombre de ses vaillants chevaliers Robert et Durand Malet. — Ainsi trois hommes d'armes de cette noble famille coopérèrent à la conquête de l'Angleterre et leurs noms figuraient dans l'abbaye du Mont-Saint-Michel. — Le petit-fils de Guillaume Malet, Guillaume, deuxième du nom, fut père d'Ernest Malet ; le P. Anselme en fait l'auteur de la généalogie qu'il a décrite. — Son fils Robert, qualifié comte, est désigné comme témoin dans l'acte d'alliance entre le roi d'Angleterre et le comte de Boulogne, 18 août 1199. A la bataille de Bouvines, 1214, le même comte Robert figure parmi les chevaliers bannerets. — Le sire de Joinville signale Jean Malet, premier du nom, comme chevalier de l'hôtel du roi, à la croisade malheureuse entreprise par ce pieux monarque, 1270.

— La branche des sires de Graville a produit : un grand pannetier de France ; un grand fauconnier et un grand maître des arbalétriers. Des liens de parenté les unissaient aux rois de France dont ils étaient dits les cousins. Le dernier membre de cette branche, mort sans enfants mâles en 1516, était Louis, sire de Graville, amiral de France et gouverneur de Normandie. » (DE PLANES).

Armoiries de la famille Le Vaillant du Douët : *d'azur, au dextrochère mouvant d'une nuée d'argent, paré de gueules, tenant une épée en pal, aussi d'argent, garnie d'or; couronne de baron.*

TITRES

ET

FAVEURS HONORIFIQUES

Nous aurions pu énumérer par groupe ou série tous les priviléges de même nature, accordés par nos rois à la maison de Brachet; nous avons préféré les reproduire successivement, suivant l'ordre chronologique. Aussi bien que les terres et les seigneuries, ces honneurs sont un bien de famille, il est juste que chaque héritier apparaisse à son heure et en son rang.

1415. — Jacques de Bourbon, comte de la Marche, donne permission « à son cher et amé cousin, M^{ir} Jean Brachet, époux de Marie de Vendôme, chevalier, S^{gr} de Pérusse, de Montaigu et de Lafaye, pour *faire faire le guet et garde, jour et nuit, en son château de Montaigu,* comme notable et spacieux, par ses hommes serfs et de serve condition ».

1418. — Jacques Brachet, fils de Jean et de Marie de Vendôme, est nommé *capitaine d'arbalestriers.*

1428. — Publications de lettres-patentes, portant *érection de deux foires au bourg de Salagnac,* par le roi, en faveur de noble et

puissante dame Marie de Vendôme, veuve de noble et puissant
Sᵉʳ Jean de Brachet, chevalier et Sᵉʳ de Pérusse et Salagnac, et de
noble et puissant homme, Jacques de Brachet, leur fils. La dite
publication faite par le lieutenant du sénéchal de Limoges, avocat
fiscal et procureur du roi. — Signé : ALUNHA, greffier de la Cour
royale de Limoges.

1430. — Lettres patentes du roi Charles VII, par lesquelles il
octroie à Marie de Vendôme, veuve de Jean Brachet, et à Jacques,
leur fils, la permission *de faire fortifier leur château de Salagnac*
(note I).

1437. — Lettres patentes du roi Charles VII, portant confirmation à Poton de Xaintrailles, qui fut maréchal de France, époux
de Catherine Brachet, dite de Vendôme, de la permission qu'il
avait accordée à sa cousine, Marie de Vendôme, et à Jacques Brachet, son fils, de *faire fortifier le château de Salagnac.* Le P. Anselme
rapporte qu'en considération du mariage de Xaintrailles avec Catherine Brachet, *le roi leur donna quatre mille écus d'or.*

1453. — Le roi Charles VII nomme à l'*office de sénéchal du
Limousin* Mathurin de Brachet, Sᵉʳ de Montaigu, lequel office lui
est octroyé en considération « des bons et grands services rendus
au roi en ses guerres, voyages et armées, faites aux pays et duchés
de Normandie et de Guienne, et à la réduction d'iceux sous son
obéissance ». Mathurin succédait, dans cette charge, à son beau-
frère Xaintrailles, élevé à la dignité de maréchal de France. — En
1483, Mathurin recevait de Charles VIII *le brevet de bailli et de capitaine de Troye.*

1467. — Le roi Louis XI accorde une *pension de deux mille
livres* à son amé et féal conseiller et chambellan Mathelin Brachet,
chevalier, Sᵉʳ de Montaigu, en considération des notables services
rendus au roi, en sa personne, comme aussi pour faits de guerre.—
En 1471, monseigneur le duc de Bourbon et d'Auvergne lui assure
une *pension de deux cents livres.*

1470. — Mathelin Brachet, chevalier, Sᵉʳ de Montaigu, conseiller et chambellan du roi, son commissaire et député par lui, *convoque la noblesse de la Marche et du pays de Combrailles, en la ville de Guéret,* il la passe en revue et reçoit son serment de bien servir le roi (note II).

1498. — Lettres royaux, donnés à Joachim Brachet, conseiller et chambellan du roi, par lesquels le roi confirme le don qu'il avait fait aud. seigneur *de l'office de sénéchat du Rouergue,* dans les fonctions duquel il était troublé par un nommé Jean de Neuville, chevalier, qui auparavant exerçait le dit office.

1530. — Le seigneur du Maslaurens, ancêtre par alliance à la maison de Brachet, Jacques de La Mothe, est fait *sénéchal de la Marche.*

1536. — *Foi et hommage* rendus au roi par son cher et bien amé M^ir Claude Brachet, baron de Magnac, pour raison de la châtellenie de Palluau, à cause de la tour de Châtillon.

1570. — *Hommage* rendu au roi Charles IX par Claude Brachet, écuyer, S^gr des terres, seigneuries et châtellenies de Palluau, Bélourdières, Villars, La Roche-Bourdeuil, homme d'armes de Mgr le Dauphin. — En 1578, deux *nouveaux hommages,* rendus par Claude Brachet, capitaine de cinquante hommes d'armes, des ordonnances du roi, à François, fils de France, frère unique du roi.

1570 (1). — *Collier de l'Ordre de Saint-Michel* donné par le roi Charles IX à René Brachet, époux de Jeanne d'Aubusson, S^gr de Montaigu (il est le dernier représentant de cette branche), de Salignat, Fontbusseau, La Borne, Le Dognon.

Formule de sa reception dans l'ordre de Saint-Michel.

« Nous, René Brachet, chevalier de l'Ordre du roi, gentilhomme ordinaire de la Chambre de Sa Majesté, S^gr de Montaigu, etc., ayant agréable, l'honneur qu'il a plu au roi, chef et souverain de

(1) Devise de l'Ordre : *Immensi tremor oceani.*

8

l'Ordre de Mons. Saint-Michel, de nous faire compagnon, chevalier du dit Ordre, nous élisant et nous appelant en telle et si
honorable compagnie, l'en remercions de très bon cœur et promet-
tons par ces présentes, que à notre loyal pouvoir, nous aiderons à
garder, soutenir et défendre les hautesses et droits de la couronne
et Majesté royale et l'auteur et souverain de l'Ordre et de ses successeurs, tant que nous serons de l'Ordre..... Que tout notre pouvoir nous emploierons à maintenir le dit Ordre en état et honneur
et mettrons peine de l'augmenter, sans le souffrir décheoir ou
amoindrir, tant que nous y pourrons remédier et pourvoir. Que
s'il advenait — que Dieu ne veuille — qu'en nous ne fut trouvée
aucune chose faite selon les coutumes de l'Ordre, qu'en ce, nous
fussions priés et sommés et requis de rendre le dit collier; nous,
en ce cas, le renverrions aux dits souverains ou au trésorier de
l'Ordre, sans jamais, après la dite sommation, porter le dit collier;
et toutes punitions et corrections qui pour autres moindres cas
nous pourraient être enjointes et ordonnées, porterons et accomplirons patiemment, sans avoir peine, ni porter à l'occasion des
dites choses, haine, malveillance ni rancune contre les souverains,
frères, compagnons et officiers du dit Ordre. — Que nous nous
trouverons et comparaitrons aux chapitres, couvents et assemblées
du dit Ordre, et nous y tiendrons selon les Statuts et Ordonnances
d'icelui, et au souverain et à ses commis, obéirons en toute chose
raisonnable, touchant et regardant les devoirs et affaires d'icelui
Ordre, et de notre loyal pouvoir, accomplirons tous les Statuts,
points, articles, ordonnances de l'Ordre que nous avons bien
entendu, suivant le serment que nous avons fait entre les mains de
Mgr de Montpezat, chevalier de l'Ordre du roi et capitaine de
cinquante lances des Ordonnances de Sa Majesté, duquel nous
avons véritablement reçu et accepté le collier du dit Ordre. — En
témoignage de quoi nous avons signé la présente de notre main,
et scellé de nos armes, le dix-huitième jour du mois d'avril 1568.
MONTAIGU. »

1570. — Jacques Brachet, dit Palluau, fils de Claude et de
Jeanne de Conignau, est reçu *chevalier de Malte*.

1570. — Gilbert de Limoges, Sgr de La Gorse, aïeul par

alliance de M^ir Annet Brachet, époux d'Anne de Limoges de La Gorse, reçoit de Charles IX la dignité de *chevalier de l'Ordre de Saint-Michel* (note III).

1574. — Lettres royaux, accordées par le roi Charles IX, à Gilbert de Limoges de La Gorse, faisant défense à tous conducteurs de troupes, tant à pied qu'à cheval, de loger dans la paroisse de Seillac, ni dans aucune des appartenances du S^gr de La Gorse, auquel il permet des pannonceaux et bâtons royaux, partout où il aura des appartenances, et ce, en considération des longs et fidèles services par lui rendus (note IV).

1596. — Lettre de Henri IV à M^ir Guy de Brachet, baron et S^gr de Pérusse.

« Mons. de Peyrusse, j'ay été adverti que plusieurs paroisses de l'eslection de Bourganeuf suportent par aulcunes coutumes leur rébellion et désobéissance au payement de mes deniers, et commétent par leurs assemblées en armes, des insolants et mauvais exemples; et parce que je sais que vous pouvez, à l'endroit de celles qui dépendent de vous, je désire que vous vous employez à les ranger à leur debvoir et me ferez cougnaitre, que vous n'aportez aucun consentement à telles résolutions préjudiciables à mon service, lesquelles je suis bien résolu de réprimer et chastier. J'ai fait tout ce qui m'a été possible pour les soulaiger, leur ayant remis tout ce qu'elles me restaient d'années, jusqu'à quatre-vingt-treize qui montent beaucoup, comme je ferai encore pour l'advenir. Mais il est raisonnable que je sois secouru de ce que mes subjets des paroisses doibvent despuis, pour subvenir à tant de dépenses que j'ai à suporter pour l'entretennement de mes armées. Je vous prie d'y vouloir tenir la main et que le témoignage que mes officiers de la dite élection me donneront de votre affection en cet endroit, me donne occasion de la recougnaistre, comme je ferai tousjours en ce qui me concernera. — Et sur ce, je prie Dieu, Mons. de Peyrusse, vous avoir en sa sainte garde. — A Folambray, le 15 febvrier 1596. HENRY. »

1609. — Gilles Brachet, S^gr de Villars, obtient le *brevet de gentilhomme servant du roi.* En 1628, celui de gentilhomme *servant* *chez le roi;* plus, la charge de *maître d'hôtel du roi;* et à raison de cette charge, il est dispensé de l'arrière-ban, en 1635.

1670. — Réception de François et autre François, fils d'Annet Brachet, dans *l'Ordre des chevaliers de Malte* (note V).

1675. — Gilbert Brachet, S^{gr} de La Gorse est nommé *capitaine d'une compagnie de chevau-légers* (cinquante hommes) sous les ordres du vicomte de Turenne, maréchal-général de camp et colonel-général de la cavalerie légère. En 1682, il reçoit *le brevet de cornette* dans l'armée.

1704. — *Erection de Floressac en marquisat*, au profit de Gilbert Brachet de Peyrusse, chevalier, S^{gr} de La Gorse, de Floressac, du Maslaurens, Selongettes et des Outeix (note VI).

1707. — A M^{ir} Gilbert, époux de D'Escodeca de Boisse.....
« Mons. Je savais déjà, lorsque j'ai reçu la lettre que vous avez pris la peine de m'écrire le 17 de ce mois, tout ce que vous et M^{ir} de Pardaillan, votre beau-frère, avez fait pour maintenir l'autorité du roi, contre la fureur des rebelles. Mons. le maréchal de Montrevel et Mons. Legendre en ont rendu des témoignages si avantageux, que nous devez vous assurer de ressentir en toutes occasions les marques de la satisfaction de Sa Majesté et de sa protection. Chamillard, ministre d'État. »

1713. — Nomination par le roi de M^{ir} Bonaventure Brachet, comte du Maslaurens, à la *charge de lieutenant-général en la Haute et Basse-Marche*, au lieu et place du S^{gr} de Cilly, son beau-père. En 1725, exempt des gardes du corps.

1729. — *Foi et hommages rendus* au roi par Jean-Baptiste Brachet, écuyer, S^{gr} de Magny, pour les terres et seigneuries de Saint-Andheux, Joux en partie, Ferrière et Saint-Germain-de-Modéon, relevant du roi, à cause de son duché de Bourgogne.

1743. — Retenue *d'exempt des gardes du corps du roi*, pour M^{ir} le marquis de Floressac. — En 1747, il est fait chevalier de l'Ordre militaire de Saint-Louis.

1748. — *Louis XV,* sur le point de se rendre en Flandre, pour commander en personne ses armées, rappelle à Annet-Bonaventure Brachet son zèle et sa fidélité, et lui demande de continuer à lui en donner des preuves pendant son absence.

1751. — *Certificat* donné par les commissaires nommés par la Chambre de la noblesse des États de Bourgogne, par lequel Jean de Brachet, fils de Jean, petit-fils de Gilles et Jacqueline de Lespicier, chevalier, S^gr de La Mothe, du Joux, ancien officier de cavalerie, *est reconnu pour bon gentilhomme, non pas de robe, mais d'épée* et de la qualité requise pour y avoir entrée et voix délibérative.

1759. — Gilbert Brachet, Mis de Floressac, est nommé *brigadier de cavalerie.* — En 1760, *exempt des gardes du corps du roi,* est mis au rang *d'enseigne* des gardes du corps, dans la compagnie du maréchal duc de Luxembourg. En 1764, il est nommé *lieutenant des gardes du corps* dans la même compagnie. En l'année 1761, il avait servi comme brigadier, sous les ordres du maréchal prince de Soubise, commandant en chef, l'armée sur le Bas-Rhin, pendant la campagne.

1759 (même année). — Le marquis de Floressac, Annet-Bonaventure Brachet, se démet *de sa charge de lieutenant-général de la Haute et Basse-Marche, en faveur de son fils puisné Gilbert,* avec l'agrément du roi « et nous sommes, ajoute Louis XV, d'autant plus volontiers déterminés à accorder cette grâce au Mis de Floressac que nous sommes informés de l'ancienneté de sa maison et de ses services, des alliances qu'elle a toujours contractées avec les plus grandes maisons de notre royaume, et des services particuliers que nous a rendus le sieur Mis de Floressac, soit dans les guerres où il s'est trouvé, dans lesquelles il nous a toujours donné les marques les plus éclatantes de sa bravoure, de son expérience aux faits des armes, sage conduite, vigilance, activité et affection à notre service, soit auprès de notre personne, en qualité d'exempt des gardes de notre corps ».

1769. — *Brevet de maréchal de camp,* à Gilbert de Brachet de Peyrusse, Mis de Floressac, lieutenant en la compagnie de Luxembourg des gardes du corps de Sa Majesté.

Signé : LOUIS. — LE DUC DE CHOISEUL.

1779. — 1ᵉʳ juin. — Brevet *d'une pension de* 12,000 *livres.* — 1ᵉʳ octobre. — *D'une pension de* 800 *livres,* à prendre sur le trésor royal, au profit de Gilbert Brachet, maréchal de camp.

1780. — « Certifions que Mⁱʳ de Brachet, Mⁱˢ de Floressac, chef de brigade des gardes du corps et lieutenant-général de la province de la Marche *a été présenté et a monté dans les carosses du roi,* pour avoir l'honneur de suivre Sa Majesté à la chasse, le 24 avril 1773, lequel est enregistré sur les registres des entrées de carosse, en dépôt entre nos mains. En foi de quoi, avons fait expédier le présent certificat, signé de notre main et scellé du cachet de nos armes ». Fait à Paris, le 15 novembre 1780.

» Le comte de Larboust.»

2ᵉ certificat pour le 10 décembre 1785.

Cet honneur était très recherché; c'était le privilége exclusif des ducs, de monter dans les carosses du roi, de suivre les chasses royales, d'entrer en voiture dans la cour du Louvre et dans celles des autres châteaux royaux.

1782. — Claude-Joseph-Alexandre, l'un des pages de la petite écurie, est nommé *sous-lieutenant* dans la compagnie de Meal, dans le régiment de dragons de Languedoc. — Quatre ans plus tard, il fut nommé *capitaine* dans le même régiment.

Le 24 mai de la même année (1782). « Le roi, Monsieur, fort content de vos services et de la façon dont vous vous êtes conduit, pendant que vous avez été dans les pages de sa petite écurie, m'a chargé de vous *faire présent d'une épée comme marque de sa satisfaction.* Sa Majesté est persuadée que cette marque de distinction ne servira qu'à exciter de plus en plus votre zèle pour son service ». Nous, Philippe-Gabriel de Peguilhan, comte de Larboust, commandant l'écurie du roi. Le duc de Coigny. »

1785. — Balthasard-Annet-Joseph-Louis de Brachet de Floressac est appelé à la *charge de sous-lieutenant en la compagnie de Vanloo,* dans le régiment d'infanterie de Monsieur. Il avait dix-huit ans. Le brevet est signé : Louis — et contresigné : Louis-Joseph de Bourbon, prince de Condé.

1786. — Enregistrée au greffe de la sénéchaussée, la nomination de Claude-Joseph-Alexandre de Brachet, sous-lieutenant de dragons, dans le régiment de Languedoc, à la *charge de lieutenant-général de la Haute et Basse Marche,* devenue vacante par le décès du sieur Brachet, son père, Mis de Floressac.

Les fonctions de cette charge consistaient à « retenir les sujets du dit S^gr roi et habitants du dit pays, de quelque qualité et condition qu'ils soient, en l'obéissance qu'ils lui doivent ; — les faire vivre en bonne union et concorde les uns avec les autres, — pacifier toute querelle et division qui surviendraient entre eux, — faire punir ceux qui contreviendront aux édits et ordonnances ; — icelles faire garder et observer inviolablement, mander, convoquer et assembler toutes les fois que bon lui semblera, les gens d'église, la noblesse, les maires et échevins, bourgeois et habitants, pour leur faire entendre, ordonner et enjoindre ce qu'ils auront à faire pour le service du S^gr roi, — pourvoir aux affaires occurentes du dit pays, commander aux gens de guerre qui y sont ou seront ci-après en garnison, tant dans les villes et dans les châteaux, — faire vivre les gens de guerre en bon ordre et discipline, suivant les ordres militaires ; — empêcher que les sujets du dit S^gr roi n'en reçoivent aucun dommage ; — et généralement faire et ordonner en l'absence du gouverneur du pays de la Haute et Basse-Marche, tout ce que ferait le dit S^gr roi, s'il y était présent en personne ».

NOTES

Note I.

Autorisation de se fortifier accordée a la ville de Salagnac.

Charles, par la grâce de Dieu, roi de France, à tous ceux qui ces présentes lettres liront, salut. — Savoir faisons, nous avoir reçu humble supplication de notre chère et bien amée Marie de Vendômes, veuve de feu Jean Brachet, jadis chevalier et de notre amé féal, conseiller et chambellan, Jacques Brachet, leur fils, Sgr de Montaigu, de Pérusse et de Salagnac, contenant que quoique leur dit lieu de Salagnac ait d'ancienneté châtellenie, à laquelle ils ont toute juridiction et justice, haute, moyenne et basse, paire, mixte et impaire et l'exercice d'icelle; — il l'y voulait avoir une bonne ville et marchande et laquelle avait et a encore plusieurs marchands et habitants. Laquelle est située et assise en bon et fertile pays et a un des plus grands passages du Limousin; par lequel passent souvent plusieurs marchands, portant plusieurs marchandises, en allant de La Rochelle, du Poitou et de l'Anjou en Auvergne et ailleurs, et laquelle ville a marché public tous les lundis, plusieurs foires, chacun an; dont en temps de paix devait avoir quantité de bestial et autres marchandises qui fournissait en grande partie notre ville de Paris..... Et il soit ainsi que la dite ville n'est pas forte et de longtemps ny a eu aucune forteresse ny place forte; la dite ville est tournée en grande désertion et dépo-

pulation de marchands fréquentant icelle, pour ce que, pour les
guerres qui ont été en notre royaume, passements et courses de
gens d'armes qui ont été en la dite ville, grande partie des habitants d'icelle s'en sont parti et allé retraire en autre ville forteresse
et n'ont osé ni osent venir aucuns marchands pour y marchander,
pour ce qu'il n'y a point de retraite ni refuge sûr pour retraire leur
corps et marchandise ; et aussi ne s'y est pu exercer et accomplir
justice sur les malfaiteurs, pour ce qu'il n'y a point de prison forte
pour les garder. — Et comme à la suite du temps, pourrait la dite
ville demeurer inhabitée, au grand préjudice et dommage des
habitants, si par nous n'y était pourvu de notre gracieux remède. —
Et pour ce, nous ont très humblement supplié que, attendu ce que
dit est, et afin de préserver et de garder en sûreté les dits habitants
et marchands, passants et survenants au dit lieu, et même que ce dit
lieu est bien aisé à fortifier et y est commencé un chatel, nous leur
voulions bailler congé et licence de vouloir parachever la dite forteresse. Pour ce est, que nous, ces choses considérées, pour con-
templation des bons et grands services de notre dit chambellan,
que ses parents et amis nous ont faits et nous font chaque jour en
notre hôtel et compagnie, à charge de gens d'armes, m'inclinant à
pourvoir pour le bien d'eux et des habitants favorablement à la dite
supplication et à iceux suppliant, avons donné et octroyé, donnons
et octroyons par ces présentes congé et licence de bâtir et édifier
le château déjà commencé et faire dresser, parfaire murs, fossés et
toutes autres choses appartenant et concernant la fortification de
place forte pour leur retraite et refuge d'eux et des habitants de la
dite ville et châtellenie et des marchands et autres passant par
icelle. — Et avec ce, leur avons octroyé et octroyons qu'ils puissent
contraindre et faire contraindre par toute voie due et raisonnable,
à faire guet et garde, de nuit et de jour, nécessaire et convenable
en icelle place, quand elle sera fortifiée, les hommes juges et justiciables de la dite ville et châtellenie, chacun selon soit, par la
manière que de raison il y sera tenu, sans qu'il soit tenu de faire
guet et garde en autre forteresse, hors la dite ville et châtellenie
de Salagnac. — Cy donnons amendement au sénéchal du Limousin
et à tous nos autres justiciers et officiers ou à leurs lieutenants et
à chacun d'eux, ce que à lui, lui appartiendra, que de notre présente grâce, congé, licence et octroie, fassent, souffrent et laissent
au cas susdit, les dits suppliants jouir et user pleinement et paisiblement, sans leur mettre, ni donner ni souffrir être mis ni donné
aucun empêchement ; au contraire, nonobstant qu'aucun des dits
habitants juges et justiciables de la dite ville et châtellenie de
Salagnac, aient à l'occasion de leur refuge, retraite ou autrement

faite par aucun temps les dits guet et garde en aucune des dits forteresses, hors de la dite justice et châtellenie de Salagnac et quelconques ordonnances, mandements ou défenses faites ou à faire, impétrées ou à impétrer, à ce contraires.

En témoins de ce, nous avons fait mettre à ces presentes notre scel.

Fait à Montargis, le dernier jour de septembre, l'an de grâce mil-quatre-cent-trente et de notre règne, le huitième.

Note II.

CONVOCATION DE LA NOBLESSE DU COMTÉ DE LA MARCHE ET PAYS DE COMBRAILLES, EN LA VILLE DE GUÉRET, PASSÉE A MONTRE ET REÇUE PAR MATHELIN BRACHET.

S'en suivent les noms des nobles et ceux qui ont accoutumé de suivre les armées du pays et comté de la Marche, châtellenie de Montaigu-en-Combrailles et du Dorat du dit pays et comté, passés aujourd'hui à montre en la ville de Guéret et reçus par nous, Mathelin Brachet, chevalier, Sᵍʳ de Montaigu, conseiller et chambellan du roi, notre sire, et commissaire sur ce, par lui ordonné. Lesquels et un chacun d'eux ont promis et juré aux saints Dieu, evangile touché, de bien et loyalement servir le roi envers tous et contre tous, sans nullement excepter, et d'être prêts, toutes fois que sera le bon plaisir du dit seigneur, pour aller en son service, là ou plaira leur commander..... Fait en la ville de Guéret, le dix-septième de décembre 1470.

Chevaliers et seigneurs châtelains.

ET PREMIÈREMENT

Jacques d'Aubusson, écuyer, Sᵍʳ de La Borne et du Doignon, monté et armé de harnais blanc (armure complète d'un homme d'armes) accompagné de cinq hommes de trait, armés de brigandines forinées (espèce de cotte de maille).

Mᴵʳ Louis de Saint-Jullien, chevalier, Sᵍʳ de Beauregard, pour Reygnier de Saint-Jullien, son père, Sᵍʳ de Saint-Marc et de La Rochette, aucunement malade, monté et armé de harnais blancs, accompagné de deux hommes de trait, armés de brigandines forinées,

M^{lr} Guillaume d'Aubusson, chevalier, S^{gr} de La Feuillade, en état et habillement d'homme d'armes, à l'aune garnie.

M^{lr} Antoine d'Aubusson, chevalier, S^{gr} de Villeneuve, monté et armé de harnais blancs, à l'aune garnie.

M^{lr} Marc Foucaud, chevalier, S^{gr} de Saint-Germain et de Cros, a ici envoyé André, son fils, écuyer, en état et habillement d'homme d'armes.

M^{lr} Bruschard, S^{gr} de Saint-Serge, chevalier, monté et armé de brigandine, accompagné de deux hommes de trait, armés de brigandines forinées.

M^{lr} Huguet de Chamboret, chevalier, S^{gr} de Lasvaulx, s'est defailli et n'a point voulu comparoir.

M^{lr} Jean de Saint-Jullien, S^{gr} de   , chevalier, monté et armé en état d'homme d'armes, à l'aune garnie.

M^{lr} Jacques de Saint-Avit, chevalier, S^{gr} du dit lieu, accompagné de trois hommes de trait, armés de brigandines forinées, pour quoi lui ne se peut armer, obstant une maladie.

M^{lr} Jacques de Malleret, S^{gr} du dit lieu, chevalier, vieux et chétif, a envoyé Arthur son fils, monté et armé en état d'homme d'armes, à l'aune garnie.

M^{lr} Jean de Rochedragon, chevalier, S^{gr} de La Voureille, s'est fait excuser à cause de maladie par Jean Prédies, écuyer, S^{gr} de Saint-Affer, son servant, auquel a été commandé de par le roi d'y faire à savoir qu'il soit prêt à sa comparoisse en l'état d'homme d'armes, à l'aune garnie encore que aux dits montres il avait promis, là où sera le bon plaisir du dit S^{gr}.

M^{lr} Antoine de Rochedragon, S^{gr} du Puymalsignat, chevalier, monté et armé de harnais blancs, avec un homme de trait, armé de brigandine forinée.

M^{lr} Antoine Mourin, chevalier, S^{gr} d'Arfeuilles, monté et armé de harnais blancs, avec deux hommes, l'un armé de brigandine et l'autre archer.

Gilles de Maleysson, écuyer, pour et au nom du S^{gr} de Chasteignier son oncle, vieux et chétif, monté et armé, à deux brigandines forinées; a envoyé le sieur de Chasteignier en l'état que dessus, pour ce qu'il est à Paris pour cause d'affaires.

Guillaume de Laroche, S^{gr} de Saint-Maixent, monté et armé de harnais blancs, accompagné de deux archers à brigandines forinées.

Jean de Luschat, écuyer, pour et au nom de M^{lr} Guillaume de Luschat, chevalier, S^{gr} de Parsac, son père, chétif et malade, monté et armé de harnais blancs et un homme à brigandine forinée.

Raoulen de La Celle, écuyer, S^{gr} du dit lieu, monté et armé de

harnais blancs, avec un homme de trait, armé de brigandine per-
forée (en 1495, le roi Charles VIII, accorda à Raoulen, comme
descendant des aînés de la famille, de porter seul, pour armes, un
aigle de sable en champ d'argent, démembré d'or).

André de Saint-Merd, écuyer, S^{gr} de Lauradour, Saint-Projet,
compagnie de deux hommes, n'est point venu ni comparu — pour
ce, — défaut.

Guillaume Dupuys-Vinant, S^{gr} des Viergnes, monté et armé de
harnais blancs, avec un valet.

Jean Chinon, S^{gr} de Lavauxblanche, monté et armé de harnais
blancs, a compagnie de deux hommes armés de brigandines forinées, d'un courset et javeline.

Pierre de Guéret, écuyer, monté et armé, a compagnie d'un
homme armé de brigandine, salade, dague, épée et vouge.

Jean   écuyer, S^{gr} de Saint-Affeire et de Lavaux,
en état et habillement d'homme d'armes.

François   écuyer, pour et au nom du S^{gr} d'Agen,
vieux et cunin, monté et armé de harnais blancs, à compagnie de
deux hommes de trait, armés de brigandines forinées.

P.   de Chamborant, écuyer, monté et armé de harnais
blancs, à compagnie de deux hommes, l'un à brigandine et l'autre
à coustelle.

Pierre de Rochefort, S^{gr} de La Courtine, pour lui et le S^{gr} de
Chateauvert, pour ce qu'il est vieux et cunin — homme d'armes et
deux archiers armés en brigandines forinées, a dit y envoyer un
homme en son lieu.

Jean Mourin, écuyer, S^{gr} de Chastres, monté et armé de harnais
blancs à deux archiers armés en brigandines forinées.

Jean Esmirard, écuyer, S^{gr} de Moutier-Malcarre, homme d'armes
et deux archiers armés de brigandines forinées.

Louis d'Allély, écuyer, S^{gr} du dit lieu, monté et armé de harnais
blancs avec un homme armé de brigandine forinée.

Jean de Montignac, S^{gr} de Saint-Auzanes, monté et armé de
harnais blancs, avec un valet.

Jean de Luschat, S^{gr} du Puy-la-Reinaudie, monté et armé de harnais blancs, avec un homme armé de brigandine forinée.

François de La Celle, S^{gr} de Permoreau, monté de harnais blancs,
avec un homme armé de brigandine forinée.

Trouchard d'Aubepeyre, écuyer, S^{gr} du dit lieu, monté et armé
de harnais blancs, accompagné de deux archers, à brigandines
forinées.

Antoine Braudon, écuyer, monté et armé de harnais blancs,
accompagné de deux archers armés de brigandines forinées.

Antoine du Liège, en habillement d'archer.

Gouffy Lhermithe, S^{gr} de Souchières s'est présenté, monté et armé de brigandine, avec un homme armé pareillement en brigandine forinée.

Pierre de Maulmont, S^{gr} de la Ligue, écuyer, s'est présenté, monté et armé de brigandine, salade, dague et épée.

François de Maulmont, S^{gr} des Coupebies, s'est présenté monté monté et armé de brigandine garnie.

Charles de Murat, S^{gr} du Puy-Gramet, s'est présenté, monté et armé de brigandine, sallade et vouge, auquel a été fait commandement que vu sa châtellenie, il a été et se mettra en état d'homme d'armes avec un homme à brigandine forinée.

Jean Rausse, écuyer, S^{gr} de La Chapelle, s'est présenté en état d'archer, armé de brigandine et sallade.

Leonet Barbe, écuyer, S^{gr} de La Forêt, en habillement d'archer, armé de brigandine et salade.

Jean Maufferant, écuyer, S^{gr} de Les Victz, s'est présenté, monté et armé de brigandine, sallade, dague et épée et vouge, un valet en pareil état, armé de brigandine, son fils Louis pour lui.

Guillaume du Mas, écuyer, s'est présenté, monté et armé de brigandine, sallade, dague et épée,

Innocent du Villard, écuyer, S^{gr} de La Barde, s'est présenté, monté et armé de brigandine, sallade et vouge.

Jean Boudet, écuyer, S^{gr} de Peyrat, s'est présenté monté et armé de brigandine forinée, — il s'est défailli.

Jean Peynot, S^{gr} des Plasses, s'est présenté, monté et armé de brigandine, et il lui a été fait commandement d'avoir un valet armé de brigandine.

Gabriel de Chateauvert, écuyer, s'est présenté, monté et armé de brigandine.

Jacques de Chastagne, écuyer, S^{gr} du dit lieu, monté et armé de brigandine, reçu sous clause de châtelain, parce qu'il n'a pas de quoi soi armer.

Antoine Malserat, écuyer, S^{gr} du Bostfranc, monté et armé de brigandine, de harnais et jambe et autres harnais, avec un homme armé de brigandine.

Antoine de Massenoux, écuyer, monté et armé de brigandine forinée.

Pierre Lacroix, écuyer, S^{gr} de Grandchamp, monté et armé de brigandine, sallade, dague, épée et un homme avec lui.

Urbain du Bouchet, écuyer, S^{gr} de Brugnac, monté et armé de brigandine forinée, et son valet.

Jean de Teynact, écuyer, monté et armé de brigandine forinée.

François de La Marche, S^{gr} de Vernet-du-Puyguillon, monté et armé de brigandine, a fourni aussi un homme avec lui à brigandine, pour ce qu'il est jeune.

Bertrant de Brannoys, écuyer, monté et armé de brigandine.

Mérigot Bernuys, écuyer monté et armé de brigandine forinée.

Jean de La Jarrige, écuyer, S^{gr} du dit lieu, monté et armé de brigandine, harnais, jambes et menus harnais et un valet armé.

Antoine Coustautz, écuyer, S^{gr} d'Auchart, monté et armé de brigandine, harnais, jambes, dague et épée.

Pierre de Babounéche, écuyer, S^{gr} du dit lieu, monté et armé de brigandine, sallade et épée.

Jacques de Confolant, S^{gr} du dit lieu, présent, monté et armé de brigandine, dague et épée.

Philippe de Bridier, écuyer, S^{gr} de Fournoux, s'est présenté, monté et armé de brigandine, sallade, dague et épée, et attendu que d'autrefois, il a servi en état d'homme d'armes, qu'il se mette aux état et habillement d'homme d'armes.

Jean Roubeyne, écuyer, S^{gr} de Beaumont, s'est présenté, armé de brigandine forinée, avec un homme aussi à brigandine.

Pierre Rauxnoulx, sieur de La Bethoule et de La Gorse, monté et armé de brigandine, arts et trousse, tant pour lui que pour ses frères demeurant ensemble.

Gilles de La Cassière, sieur de Peyrou, monté et armé de brigandine forinée.

Louis Fricon, écuyer, S^{gr} du Breuil, s'est présenté, monté et armé de brigandine, sallade, gantelet et vouge.

Simon Fricon, écuyer, sieur du Croz, monté et armé de brigandine, sallade et vouge.

François Autort, sieur de   monté et armé de brigandine, sallade et vouge.

Philippe de Gratain, écuyer, S^{gr} de Beaunoir, monté et armé de brigandine forinée, et son valet armé de brigandine.

Guyot de Gratain, écuyer, monté et armé de brigandine.

Jean de Tlayet, écuyer, S^{gr} de La Dapeyre, monté et armé de brigandine, sallade, vouge.

Jean Dousseron, écuyer, s'est présenté, avec javeline, sallade, dague et épée, pour ce que sa chevauchée ne peut plus porter.

Louis d'Agyes et de Saint-Plantaire, avec sallade, épée, javeline et dagues.

Jean de L'Aige, S^{gr} de Puyriat, monté et armé de brigandine, sallade et javeline; Pierre de L'Aige, son valet.

Jean Douxpeyroux, sieur du dit lieu, monté et armé de brigandine et sallade.

Jean de Villemonteix, sieur de La Nouzière, monté et armé de brigandine, sallade et vouse.

Jean Dubois, S^{gr} du dit lieu, monté et armé de brigandine, sallade et javeline.

Jean de Gioux, S^{gr} de Croze, monté et armé de brigandine, sallade, dague et épée.

Gervais du Bois, sieur du dit lieu, monté et armé de brigandine forinée.

Jean Lestinet, S^{gr} de Dreache, s'est présenté et excusé, et a juré que pour pauvreté ne se pourrait mettre sus.

Jean de Saint-Yrieix, S^{gr} de Lasnaux, monté, armé de brigandine forinée.

Vincent Palent, S^{gr} de Rouchier, monté et armé de brigandine, sallade et javeline — Antoine de la Gébyrasse — Jacob Palent, monté et armé de brigandine, sallade, dague et épée.

Pierre de La Couture, S^{gr} du dit lieu, monté et armé de brigandine, sallade, vouge et deux chevaux.

Jean Panelbinon, sieur de Prast, monté et armé de brigandine, sallade, vouge.

Antoine Platet, monté et armé de brigandine forinée.

Simon Barbe, S^{gr} de Coursat, monté et armé de brigandine, sallade, vouge.

Pierre de La Roche, S^{gr} du dit lieu, monté, armé de brigandine, sallade, vouge.

Pierre Flouret de Seignat, neveu du dit de Laroche, mineur d'âge, avec habillement du sieur de La Roche.

Louis Aumichon, sieur de La Borde, monté et armé de brigandine, sallade et vouge.

Jean de La Marche, S^{gr} de Puyguillon, monté et armé d'un corset, sallade et vouge.

Jean de Segonzat, S^{gr} du dit lieu, monté et armé de brigandine forinée.

Antoine de Gorsat, armé de brigandine et sallade.

Antoine de Braunois, bâtard, monté et armé de brigandine, sallade, dague et épée et un homme aussi, armé de brigandine.

Jean de Tarnhat, sieur de La Dousge, monté et armé de brigandine forinée, avec un homme armé de brigandine.

Guillaume de Saint-Yrieix, sieur des Bordes, armé de brigandine.

Guillaume de Gachot, S^{gr} de Massebraud, monté et armé de brigandine et un homme pareillement armé de brigandine.

Jullien d'Estancher, sieur de Chambuchon, monté, et armé de brigandine.

Heymon Ajassot, S^{gr} de Vot, monté et armé de brigandine forinée et un homme aussi avec brigandine.

Le Bastard Vinant, S^{gr} de Meyssou, monté et armé de brigandine.

Guillaume de La Valette, monté et armé de harnais blancs.

Jean du Pontalibraud, monté et armé de brigandine, sallade et javeline.

Louis de Saujet S^{gr} d'Estanchères, monté et armé de brigandine forinée, et un valet, armé aussi de brigandine.

Antoine de La Somaigne, sieur de Rasteaux, monté et armé de brigandine forinée.

Jacques Morin, S^{gr} du Maslaurens, monté et armé de brigandine forinée et son valet, armé aussi de brigandine.

Huguet du Bois, pour soi et son frère, armé de brigandine forinée.

Périchon de Fournoux, S^{gr} du dit lieu, monté et armé de brigandine forinée.

Jean de Saint-Yrieix, S^{gr} de Champaignat, monté et armé de brigandine forinée.

Antoine Rochet, sieur des Sostège, monté et armé de brigandine et harnois et javelot.

Guillaume Bois, S^{gr} de Saint-Sulpice, monté et armé de brigandine.

Antoine de Villefort, S^{gr} du dit lieu, monté et armé de brigandine.

Jean Moure, S^{gr} d'Artaux, monté et armé de brigandine forinée.

Jean de Cisternes, écuyer, monté et armé de brigandine forinée.

Jacques Lhermite, écuyer S^{gr} de La Rebière, monté et armé de brigandine; son valet armé pareillement de brigandine.

André de Bellat, S^{gr} du Monteil, armé de brigandine.

Hugues de Magnac, S^{gr} de Selongettes, monté et armé de brigandine — vêtement pour un homme.

Jean Giron, écuyer, monté et armé de brigandine, sallade, vouge.

Guyot de Bessales, écuyer, à présent dit Mallecarre, monté et armé de brigandine forinée et habillement d'archer par Jean son frère, sieur de Mondorres, étant malade, à quoi a été reçu, attendu que le dit Guyot est à l'ordonnance du roi d'état d'homme d'arme.

Antoine Albert, trésorier de la Marche et receveur pour le roi au dit pays, s'est présenté; mais vu la lettre du roi et obstant l'occupation du susdit office de receveur au dit pays, a été excepté pour cette fois.

Louis Lauzanne de Lion-le-Franc, pour lui et son frère, avec brigandine forinée.

Les hoirs à feu Jacques de La Ville, en son vivant sieur de La Cheisotte et mineurs, ont présenté un homme en état d'archer, armé de brigandine.

9

Maître Jean de Perpeyrolles, S^{gr} de Haute-Faye, s'est présenté pour un archer armé de brigandine et sallade.

Maître Jean Dubois, licencié ès-lois, a présenté un homme, monté et armé de brigandine, — lequel ne s'est point comparu.

Pierre de Coustin, en épée, dague et javeline.

Pierre Tanserymes, sieur de La Vermèche et de Monchyny, armé et monté en brigandine.

Ceux de la châtellenie de Montaigu en Combrailles.

Antoine de Chouminy, monté et armé de brigandine, avec deux chevaux, sallade et javeline.

Philippe Chenailles, monté à deux chevaux, armé de brigandine, sallade, vouge.

Antoine de Moussellou, armé de brigandine, sallade et trousse.

Pierre Vigier, armé de brigandine, sallade et javeline.

Jean Danel, pour son père échiné, reçus les deux pour un et ira au service, le dit Danel.

Pierre Desprez, a deux chevaux, armé de brigandine, sallade et vouge.

Bertrand Artay, sieur de Feurs, a deux chevaux, avec brigandine et sallade.

Jean Roy, de Montaigu; pareillement Pierre Giraud, son valet, est comparu par lui en état d'archer, armé de brigandine.

Gabriel de Golselle, sieur de Ceille, a deux chevaux, armé de brigandine.

Ceux de la châtellenie du Dorat.

Mr Jean de Saune, chevalier, S^{gr} de La Grange, en état et habillement d'homme d'armes.

Clément de Barnent, écuyer en état et habillement d'homme d'armes.

Antoine de Fellety, écuyer, sieur de Villemonteix, parce qu'il est vieux et en grand âge, a obtenu qu'il ait deux de ses fils à l'ordonnance, a présenté un homme en état d'archer armé de brigandine.

Raymonet Seychand, écuyer, sieur de La Sevris, en état et habillement d'homme d'arme, à l'aulne garnie.

Pierre de Sane, écuyer, sieur de Monteil, en état et habillement d'homme d'arme, à l'aulne garnie.

Jean Guzonnet, écuyer, sieur d'Estrelat, en habillement d'archer, armé de brigandine forinée.

Jean Aigrepont, sieur de l'Age-Malcontent, en état et habillement d'homme d'armes.

Pierre de Verneuil, S^gr du dit lieu, en état et habillement d'homme d'armes.

Jean Lebreton, sieur de La Rivalière, avec habillement d'archer, armé de brigandine forinée avec un costelle.

Antoine de l'Age, écuyer, s'est présenté en état et habillement d'archer et brigandine forinée.

Antoine du Mosnar, écuyer, sieur de Villefavard, en état et habillement d'archer, armé de brigandine forinée.

Louis de Jardon, écuyer, sieur du Péchier, en état et habillement d'archer, armé de brigandine forinée.

Sieur de Lalande, écuyer, sieur de l'Age, en habillement d'archer, brigandine forinée avec un costelle.

Jean de La Lande, écuyer, sieur, de   en état et habillement d'homme d'armes, à l'aulne garnie.

Ceux de la châtellenie de Magnac.

Jean Brachet, écuyer, sieur d'Orsel, en état et habillement d'homme d'armes, à l'aulne garnie.

Jean Ponti pour Pinchon Ponti son père, monté et armé, avec habillement d'homme d'armes, à l'aulne garnie.

Jean Mengot le jeune, en état et habillement de coustelle, avec que le dit Jean pourra fournir épée et javeline.

Jean Dorye, écuyer, en état et habillement d'archer, armé de brigandine.

Helyot Coeurdebeuf, S^gr de Lavalette, en état et habillement d'archer, à brigandine forinée.

Jean Nebdot, S^gr du Poulin, en état et habillement d'archer, à brigandine forinée.

Guichard Coufy, sieur de Lafont-Busseau, en état et habillement d'archer, armé de brigandine.

Jean de La Craigne, sieur de La Salle, en état et habillement d'homme d'armes, à l'aulne garnie, n'est point en pays, parce qu'il est en la compagnie de Mgr le gouverneur du Roussillon.

Auxquels comparaissant dessus nommés, à chacun d'eux, avons commandé, de par le roi, notre sire, à peine de confiscation de corps et de biens, être prêts en l'état et habillement des susdits, toutes fois que sera le bon plaisir du dit sire; et contre les non comparants et chacun d'eux, avons donné défense, avec tel profit que de raison; et néanmoins avons mis à faire toutes et chacune les chevauchées des susdits défaillants, en la main du dit sire et leur en avons défendu et défendons toutes jouissances et exploits et aussi à leurs hommes de randoyer que dorénavant, des cens et rentes à eux dûs à cause de leurs chevauchées, ne leur en aient à répondre mais celui ou ceux qui par nous y sera commis, jusqu'à ce que par le dit sire ou autre, ayant sur ce, pouvoir en sera dit et ordonné et commandé aux notaires royaux ci-dessous écrits, par nous ancien commis, présents et appelés. Et arrêté en forme due, si besoin est en être faite.

Fait et donné en la ville de Guéret le dix-septième jour de décembre l'an 1470. — Plus bas est écrit :

Par commandement de mond. s^r le conseiller et signé :

DE MARILLAC.

Note III.

LETTRE DU ROI CHARLES IX A GILBERT DE LIMOGES DE LA GORSE.

« Mons. de la Gorse, pour vos vertus, vaillance et mérites, vous avez été choisy et eslu par l'assemblée des chevaliers frères et compaignons de l'Ordre de monsieur Saint-Michel, pour être associé à la dite compaignie pour laquelle association, vous recevrez de ma part le collier du dit ordre, si vous l'aura pour agréable. J'envoie présentement pouvoir à Monsieur de Laroche-Joubert, vous priant vous rendre devers lui pour cet effet et être content de l'honneur que la Compaignie vous fait de son bon gré et qui sera pour augmenter de plus en plus l'affection, bonne volonté que je vous porte, vous donner occasion de persévérer en la dévotion que vous avez à mon service, ainsi que vous fera plus et plain entendre de ma part, le dit sieur de Laroche-Joubert, auquel je vous prie ajouter sur ce autant de foy que vous ferez à moi-même. Priant Dieu, monsieur de La Gorse, vous avoir en sa sainte et digne garde. »

Écrit et légué le vingt-neuvième jour d'avril 1570.

Signé : CHARLES.

Et plus bas : La dite lettre donnée par copie, par Laferrière, huissier au Parlement de Bordeaux.

Note IV.

SAUVE-GARDE. — LETTRES ROYAUX.

« De par le roi

» A tous nos lieutenants-généraux, chefs et conducteurs de nos gens de guerre, tant de cheval que de pied, et à tous nos autres justiciers officiers qu'il appartiendra et à qui les présentes seront montrées, salut.

» Notre amé et féal, chevalier de nos Ordres, Gilbert de Limoges de La Gorse, nous a fait entendre que durant tous les troubles, ses sujets, tant de la paroisse de Seillac, qu'autres lieux, en nos pays de Limousin, ont reçu et reçoivent infinis maux et oppressions par les soldats et gens de guerre y passant, séjournant et repassant, vivant sans discrétion contre nos vouloirs et intentions, voire qu'il n'est ainsi possible aux pauvres sujets du seigneur de La Gorse de pouvoir supporter ni conserver les fruits de la terre qui sont en vert, et d'autant que c'est chose juste et raisonnable à un prince d'avoir ses subjets en recommandation, et les garder de toute oppression, même les habitants de la paroisse de Seillac et autres sujets du sieur de La Gorse, en considération des longs et fidèles services qu'il a faits, aux feus François et Henri, nos très honorés aïeul et père et à nous en fait de guerre, à quoi il désire continuer le reste de sa vie.

» Pour ces causes, les lieux et paroisse de Seillac et autres, à lui appartenant et subjets avons pris et nous prenons et mettons en et sous notre protection et sauvegarde spéciale; et iceux exceptés et exceptons, pour les causes dessus, de loger nos gens de guerre, tant de cheval que de pied, vous inhibant et deffendant très expressément de loger, ni de souffrir être logé aucun de nos gens de guerre, au dit lieu et paroisse de Seillac ni autre appartenant au dit sieur de La Gorse, ni en permettre être pris aucuns vivres, fourraiges, meubles, bleds, avoine, poulalier, pourceaux, moutons, chevaux, juments, bœufs, vaches, veaux ni autre chose quelconques, molester, battre, ni maltraiter les habitants en leurs personnes et biens, à peine d'être déclarés rebelles et désobéissants et les contrevenants être punis exemplairement. Si voulons et vous mandons que là dessus vous faudra souffrir et laisser jouir de notre présente sauvegarde, permettant icelle au sieur de La Gorse et auquel nous avons permis et permettons par ces présentes signées de notre main, qu'il puisse faire mettre nos pannonceaux et bastons royaulx avec l'extrait de ma présente, auquel nous voulons foy être ajoutée comme à l'original et le cachet de nos armes.

Au château de Versailles, le vingt-unième jour de mai l'an 1574.

Signé : CHARLES.

Note V.

RÉCEPTION DE FRANÇOIS DE BRACHET, DANS L'ORDRE DES CHEVALIERS DE MALTE.

Au nom de Dieu, amen.

Nous, frère de Saint-Manet, chevalier de l'Ordre de Saint-Jean-de-Jérusalem, commandeur de Maisounisses, et Pierre Dumont La Lande, aussi chevalier du dit Ordre et commandeur du temple de Vaux, à tous ceux qu'il appartiendra, certifions, qu'à la requête de M^{ir} Anne de Brachet, chevalier, S^{gr} du Maslaurens, Le Fôt, Seilloux, Les Outeix, Selongettes, La Gorse, Floressac, etc., et de dame Anne de Limoges de La Gorse, son épouse, nous nous sommes transportés du lieu de nos demeures, en la ville de Felletin, pays de la Haute-Marche, diocèse de Limoges, et au logis de la poste, dans le faubourg de la Pelleterie, tenu par François d'Artiges, maître de poste, auquel lieu nous avons rencontré le dit S^{gr} du Maslaurens, lequel nous a dit et remontré qu'il a un fils nommé François Brachet, issu de son mariage, avec la dite dame de Limoges de La Gorse, son épouse et qui est mu de dévotion, pour être reçu au rang de frère chevalier de notre dit Ordre; et pour cet effet, il aurait obtenu commission du Chapitre provincial du grand prieuré d'Auvergne, tenu et célébré dans l'hôtel de la commanderie de Saint-Georges-de-Lyon, le 1er juin 1672, auquel présidait frère Foucaud de Saint-Aulaire, chevalier et commandeur d'Aulois et Tortebesse, accompagné de plusieurs commandeurs et chevaliers et frères du dit Ordre y assistant.

La dite Commission signée, le commandeur de Pradal a scellé du sceau ordinaire du dit Chapitre. Laquelle il nous a présentement exhibée et mise en nos mains; et suivant la forme et teneur d'icelle, nous a requis de vouloir procéder à l'audition des témoins qui nous seront produits de sa part, tant pour la vie, mœurs, qualités, religion, qu'autres faits portés par la dite Commission. Nous inclinant à leur requête et en acceptant la dite Commission avec honneur et respect, laquelle nous avons trouvée, à nous adressant et en bonne et due forme, signée, datée et scellée comme dessus.

Auparavant de procéder à l'exécution d'icelle, nous nous sommes retirés à part dans une autre chambre du dit logis et nous sommes réciproquement prêtés nos serments sur notre croix, l'un et l'autre et avons appelé pour nos scribes, Me Antoine Diverneresse, notaire royal en la dite ville, et M. Léonard de La Saigne, procureur et praticien de la dite ville et châtellenie de Felletin, auxquels, à chacun d'eux, nous avons fait prêter le serment de bien et fidèlement rédiger par écrit la déposition des témoins qui nous seront produits et toutes autres écritures de tout ce qui sera par nous fait ou enjoint; ce qu'ils nous ont promis et juré faire et du tout, avons dressé notre présent procès-verbal, lequel nous avons signé de nos scings accoutumés, avec les dits Diverneresse et de La Saigne — 28 septembre 1672.

Teneur de la Commission.

Nous, frère Foucaud de Saint-Aulaire, chevalier, etc., président au Chapitre provincial du grand prieuré d'Auvergne, tenu et célébré dans l'hôtel de la Commission de Saint-Georges-de-Lyon, comme plus ancien, en l'absence d'illustrissime et révérendissime Monsieur le grand prieur d'Auvergne, frère de Grollet Virville, accompagné de plusieurs commandeurs, chevaliers et frères y assistant, à vous, nos chers et bien aimés frères, MM. les commandeurs de Saint-Aulaire, Lordoix, Saint-Viance et La Lande, ou à deux de vous, sur ce point requis, salut.

S'est présenté à la célébration du dit Chapitre, noble François Brachet du Maslaurens, fils de noble Annet Brachet, Sgr du Maslaurens et de dame Anne de Limoges. Lequel nous a dit et exposé que par *bonne et dévote intention*, il désire être de notre religion, pour y être reçu en rang de frère chevalier, *au service de Dieu*, exercice des armes, tuition et défense de la sainte foy catholique, apostolique et romaine et qu'il fera apparoi de sa noblesse et bonne conversation, nous requérant pour cet effet, de lui octroyer commission et commissaire, pour quoi nous inclinant à la bonne et dévote intention du dit noble François de Brachet, de l'avis de nos dits frères assistants, nous vous avons pour ce faire, commis et députés par ces présentes, pour bien et dûment informer par témoins gentilshommes, astreints à serment solennel. — Si le dit noble François Brachet est né et issu de gens nobles de nom et d'armes, vivant noblement, tel tenu est réputé, tant du côté paternel que

maternel, ayeul, ayeule, bisaïeul, bisaïeule et si autant que la
mémoire des dits gentilshommes en pourra être ; — ayant été
appelés aux bans, arrière-bans et assemblées de nobles. — Et s'il
est d'âge et de dispositions suffisantes pour porter les armes, —
n'ayant fait promesse de mariage ou vœu en autre religion ; — lié
ou obligé d'aucune somme de deniers, — se lui ou quelqu'un de
ses parents ne retiennent ou occupent aucun bien de notre religion ;
vous enjoignant expressément d'examiner et ouïr particulièrement
les témoins qui vous seront présentés pour le fait des dites preuves
sur ces faits, conformément à l'établissement deuxième de la
reception des frères, — et s'il est d'autre religion que de la religion
catholique, apostolique et romaine. — Le lieu de sa naissance. —
Où il a été baptisé et en quel diocèse, et par conséquent, s'il est
tel que pour faire chevalier de notre Ordre, le Statut d'icelle le
requiert, et demande information ensemble et information secrète
de tout ce que fait et ouïrez, — ferez mettre et rédiger par escrit,
par un ou deux notaires royaux, pour après, les apporter ou envoyer
préalablement clauses et scellées de nos seings et sceaux au premier Chapitre ou assemblée, pour après la vérification d'icelle
faite, être renvoyée à Mgr l'illustrissime grand maître et à MM. de
la vénérable langue d'Auvergne.

Si le dit noble François de Brachet est trouvé de qualité suffisante pour être reçu au dit Ordre et rang de frère chevalier,
faisant à l'exécution des présentes tel devoir, vous avez offert que
vos diligences méritent d'être louées.

Fait et donné, sous le sceau du dit Chapitre, le premier jour de
juin 1672. — Ainsi signé. — Le commandeur de Pradal, secrétaire
du Chapitre et scellé aux armes du dit Chapitre.

(Suit l'extrait baptistaire de la paroisse de Seillac).

Information.

1er témoin. — S'est présenté de sa personne Godefroy de Lau-
sanne, écuyer, Sgr de Lestang, demeurant en son château de Lestang
(La Chaussade), âgé de soixante-douze ans, a dit et déposé, après le
serment par lui prêté sur les saints évangiles et a promis de nous
dire la vérité sur ce que nous l'enquerrons.

Enquis, s'il connaît le prétendu chevalier, son nom, son âge, le
lieu où il est né et a été baptisé ; — s'il est né dans les limites du
grand prieuré d'Auvergne ; — s'il est parent ou allié du prétendu
chevalier ; — s'il est né de loyal mariage, s'il a connu ou connaît ses
père, mère, ayeuls et ayeules paternels et maternels ; — si le

prétendu chevalier a été nourri de la vraie religion catholique, apostolique et romaine, comme aussi ses père, mère, ayeuls et bisayeuls ; — si le prétendu chevalier a fait profession d'autre religion, ou s'il a consommé mariage ; — si le dit prétendu chevalier, son père, sa mère, ses ayeuls et bisayeuls, paternels et maternels ont exercé quelque art de marchandise, soit de banquier, écrivain, boutiquier, notaire, changeur, vendeur de draps, de soie ou de laine, ou autre art mécanique ; — si le dit prétendu chevalier s'est obligé à autrui d'aucune somme de deniers, ou si son père, sa mère, etc., occupent ou retiennent aucuns biens, possessions, juridictions ou autres biens de notre Ordre ; — si le prétendu chevalier a commis quelque meurtre ou fait quelque occasion mauvaise, etc. ; — s'il est gaillard et sain de son corps et de son entendement et propre à l'exercice des armes. — De plus, lui avons exhibé de toutes les susdites maisons nobles, les écussons et armes. — Lequel a déclaré les fort bien connaître tous, ainsi qu'ils sont portés par l'arbre de généalogie et a dit par sa foi et serment ci-dessus prêtés, le contenu par lui déposé, contenir vérité et ayant été recolé en la susdite déposition, lecture lui en ayant été faite, a persisté. — En foi de quoi, il a signé : DE LESTANG.

2ᵉ témoin. — Joseph de Pichard, écuyer, Sᵍʳ de *L'église-au-Bois*, demeurant en son château de Fermigier (paroisse de L'église-au-Bois, — âgé de soixante-cinq ans.

3ᵉ témoin. — Jacques de Jacques, écuyer, Sᵍʳ de La Chassaigne et de La Rousille, demeurant à Beaumont-de-Felletin. — Cinquante ans.

4ᵉ témoin. — François Tixier, écuyer, Sᵍʳ de Lavault et de Bordessoules, demeurant en son château de Bordessoules (Saint-Quentin). — Quatre-vingt-quatre ans.

(Nous ne rapportons pas les dépositions, toutes favorables, qui ne seraient que la répétition du questionnaire ci-dessus exposé).

Nous, commissaires soussignés et susnommés et députés par le Chapitre provincial, certifions à son Eminence et à MM. de la vénérable langue d'Auvergne, d'avoir bien et fidèlement vaqué aux devoirs de notre Commission, tant à l'examen des témoins, qu'à la vérification des titres, suivant la forme des Statuts : ce que nous attestons pour être chose fort véritable et pour foi de ce avons signé, avec Mᵉ Antoine Diverneresse, notaire royal, et Léonard de La Saigne, procureur et praticien de la châtellenie de Felletin ; et avons apposé le sceau de nos armes. — Le chevalier de La Lande. — Du Lourdéa. — Diverneresse. — De La Saigne.

Exposé des titres de noblesse de François de Brachet par son père Annet de Brachet. (Ces titres nous sont connus). Attestation, comme ci-dessus, par les commissaires susnommés, sur la véracité de ces titres.

Et le même jour, 22 septembre 1672, nous, commissaires susdits et soussignés, pour satisfaire et accomplir les devoirs de notre charge et ce qui est porté par nos statuts, nous nous sommes retirés du logis de la poste et sommes allés dans le clos de la ville de Felletin et sommes entrés dans le logis de Jean Bourdanchon, hôtelier, où nous avons trouvé M^{ir} Antoine de Myomandre, sieur du Banneix, conseiller du roi, son président châtelain, juge royal, civil et criminel de la ville et châtellenie de Felletin. — M^{ir} Yves Musnier, sieur de Fressanges, conseiller du roi, son lieutenant en la ville et châtellenie de Felletin. — M^{ir} François Granchier, sieur de La Vedrenne, conseiller et contrôleur en l'élection de la Marche. — M^{ir} Joseph Feydeaux, sieur de La Roche, tous bourgeois et habitants de la ville de Felletin ; — âgés : de Myomandre, cinquante ans ; — Musnier, cinquante ans ; — Granchier, quarante-deux ans ; — Feydeaux, soixante-un ans. — Nous leur avons fait entendre le sujet de notre commission, les ayant requis de nous vouloir dire et déclarer véritablement, s'ils connaissent le fils de M^{ir} du Maslaurens, prétendu chevalier et de qui il est fils, et s'ils connaissent les témoins qui nous ont été produits de sa part, qui sont Godefroy de Lauzanne, écuyer, S^{gr} de Lestang, — Joseph de Pichard, écuyer, S^{gr} de *l'Église-au-Bois*, Jacques de Jacques, écuyer, S^{gr} de La Chassaigne et de La Rousille, — François Tixier, écuyer, S^{gr} de Lavault et de Bordessoules, — s'ils sont gentilshommes d'honneur et d'armes, s'ils sont parents de la maison du Maslaurens, alliés ou redevables et si la déposition par eux faite contient vérité, desquelles nous leur avons présentement fait faire lecture ; lesquels ayant entendu de mot à autre ont dit tous unanimement, après avoir d'un chacun privé, le serment prêté entre nos mains en tel cas requis..... (Confirmation dans les mêmes termes, des témoignages ci-dessus énoncés). — ils apposent leur signature : — DE MYOMANDRE, — MUSNIER, — GRANCHIER, — FEYDEAUX.

Nous, commisssaires soussignés et députés par le chapitre provincial, certifions à son Eminence et à MM. de la vénérable langue d'Auvergne d'avoir fidèlement fait rédiger et mettre par escrit l'enquête secrète, ci-dessus faite, suivant la forme de nos statuts et pour faire foi de ce, avons signé la présente enquête, avec le sieur

Diverneresse, notaire royal, et de La Saigne, procureur et praticien, et avons apposé le sceau de nos armes (1).

Note VI.

ERRECTION EN MARQUISAT DE LA TERRE DE FLORESSAC.

Malgré son étendue, nous n'hésitons pas à reproduire dans tous ses détails ce document historique, parce qu'il dit la parole du roi et que cette parole est un hommage rendu à une noble maison.

(1) « L'Ordre du Temple et celui des hospitaliers de Saint-Jean-de-Jérusalem, dont les membres ont porté successivement les noms de chevaliers de Rhodes et de Malte, doivent, comme on sait leur naissance aux Croisades. Il faut croire qu'ils répondaient à un besoin public, car ils couvrirent dans un temps fort court le monde catholique de leurs établissements..... Il ne leur fallut pas deux siècles pour y (diocèse de Limoges) fonder plus de cent maisons. » VAYSSIÈRE.

Cet ordre, essentiellement aristocratique, comprenait trois classes de personnes : les chevaliers, les chapelains et les servants d'armes. — Rhodes, chef-lieu de l'Ordre servait de résidence à son grand maître et à une partie de ses membres ; les autres formaient en Europe des commanderies. Celles-ci étaient groupées sous l'autorité de chefs régionaux et chaque groupe formait une *langue* : on comptait huit *langues*. Les commanderies du Limousin dépendaient de la langue d'Auvergne dont le chef-lieu réel, en 1789, était Lyon, dépôt central de tout ce qui appartenait à cette région.

Noms des familles de notre province, appartenant à l'Ordre.

Mourin d'Arfeuilles : 1608.
D'Aubusson : 1565, 1601, 1622, 1626, 1656, 1659.
De Barthon : 1597, 1604.
De Boisse : 1666.
De Bonneval : 1662.
De Brachet : 1570, 1660, 1663.
De Saint-Chamans : 1579, 1582.
De Chaussecourte : 1617, 1617, 1617, 1660.

De Fay : 1619.
De Fricon : 1612, 1612, 1700.
De Saint-Julien : 1537, 1551, 1572, 1578, 1578, 1603, 1605, 1605, 1609, 1620, 1672.
De Larochaymond : 1561, 1602, 1693, 1695, 1676, 1666, 1723.
De Lestranges.
Du Ligondès : 1549, 1644, 1652, 1657, 1660, 1679, 1689.

(VERTOT, *Histoire des chevaliers de Malte.*)

Pour élever aux plus grands honneurs, une de leurs créatures, les gouvernants de nos jours, usent d'une formule plus succincte : la dignité conférée, le nom de l'élu, suivi de la note obligée « pour services exceptionnels ». Nos rois avaient une tout autre façon de procéder. Après une enquête sérieuse sur le passé et le présent de la famille qu'il voulait honorer, le roi exposait les titres possédés par cette famille et pour devenir un fait accompli, « le bon plaisir du roi » devait recevoir la sanction du pays, représenté par ses magistrats les plus éminents. Le marquisat de Floressac nous en fournit une preuve éclatante. Le privilége accordé par le roi est de septembre 1704; et son enregistrement par la Chambre des Comptes est daté du 28 août 1783.

Erection de Floressac en marquisat.

« Louis, par la grâce de Dieu, roi de France et de Navarre, à tous présent et avenir, salut.

» Bien que la vertu doive être suivie de chacun pour elle-même et que la gloire des belles actions soit une récompense suffisante aux hommes qui les font, néanmoins les rois, nos prédécesseurs ont toujours voulu récompenser par des titres d'honneur, ceux qui se sont signalés pour leur service, non-seulement en leur personne, mais même ils ont attaché des dignités à leurs terres et seigneuries, pour donner à la postérité des témoignages de la vertu de ceux à qui ils ont fait ces grâces, ce qui a engagé plusieurs de leurs sujets à exposer leur vie pour les bien servir, dans l'espérance de pareilles récompenses, qui leur ayant été accordées, ont inspiré à leurs descendants les mêmes sentiments d'amour pour la gloire, en sorte que la vertu est devenue comme héréditaire dans les familles, par la longue suite de services rendus à l'État, et des actions recommandables dont les pères ont laissé les exemples à leurs enfants. Cela se remarque dans la maison de notre cher et bien-aimé Gilbert Brachet de Peyrusse, chevalier, Sgr de La Gorse en Limousin, de Floressac en Quercy, du Maslaurens, Selongettes, des Outeix en la Haute-Marche, et autres lieux; — issu d'une des plus anciennes et illustres familles de nos provinces de la Marche et du Poitou, dont les ancêtres ont toujours été attachés au service des rois nos prédécesseurs et ont été honorés de leur confiance, aux divers emplois importants. Du temps du roi Charles VI, Jean Brachet, Sgr de Peyrusse, était chevalier et fut marié avec Marie de Vendômes, en considération duquel mariage et des grands services qu'il avait rendus, Jacques de Bourbon, comte de la Marche, le traitait de son

très cher et aimé cousin et lui permit, par acte du dix-septième de
juin 1415, de contraindre ses vassaux à faire guet et garde à son
château de Montaigu. Jacques Brachet, son fils, fut chambellan du
roi Charles VII et honoré de sa bienveillance. Il lui permit d'établir des foires et construire une forteresse au lieu de Salagnac, par
ses lettres des 23 mars 1428 et 13 septembre 1430. Mathieu ou
Mathien, son fils, était sénéchal du Limousin, commandait les troupes dans toute la province en l'année 1495 et rendit des services
si importants au roi Louis XI, qu'il lui donna deux mille livres de
pension par brevet du 5 novembre 1467 ; et le roi Charles VIII le fit
bailli et capitaine de Troye, le 5 novembre 1483. — Joachim Brachet, son petit-fils, fut sénéchal du pays du Rouergue et tous les
autres descendants de la famille ont toujours servi dans les armées
et fait connaître leur zèle pour le service des rois nos prédécesseurs,
soutenant l'éclat de leur famille par des alliances considérables,
notamment celle de la maison de Limoges, Beynac et celle d'Aubusson, plusieurs fois réitérées, celles d'Alègre, de Xaintrailles,
de Latour-Landry, de Chateau-Roux, de Courtenay, et autres plus
recommandables maisons des dites provinces. —Le dit Ser de La
Gorse animé de l'esprit de ses ancêtres, dès qu'il a pu porter les
armes, s'est mis dans la première compagnie de nos mousquetaires,
lors commandée par le sieur d'Artaignan, et nous y a servi pendant
sept années. Il a fait ensuite la campagne de 1667, et en l'année
1672, nous lui avons confié le commandement d'une compagnie de
cavalerie, dans notre régiment, où il nous a continué ses services
pendant plusieurs années et a commandé notre régiment en Flandre
et Allemagne, en plusieurs occasions importantes et batailles, dans
lesquelles il a donné des marques de sa valeur et bonne conduite.
Mais ayant été attaqué d'une maladie, causée par les fatigues qu'il
avait souffertes, dont il est demeuré longtemps à se rétablir, il fut
obligé de quitter nos armées et, à sa prière, nous aurions accordé
la compagnie qu'il commandait, à son frère, qui nous a servi pendant plusieurs campagnes et a été tué glorieusement à la tête de la
dite compagnie. — Dans la suite, le dit sieur de La Gorse s'est
marié avec dame Catherine Descodeca de Boisse, de l'illustre maison de Pardaillan, dont les ancêtres ont toujours rendu des services importants à nos prédécesseurs, notamment, son aïeul, lequel
après avoir servi notre très honoré seigneur et père, de glorieuse
mémoire, au siège de Montauban, en qualité de lieutenant-général
de ses armées, fut malheureusement assassiné par les religionnai-
res, à Bergerac, dans le temps que notre dit seigneur et père
l'avait récompensé du bâton de maréchal de France, qui est le plus
grand honneur auquel un sujet puisse être élevé.

Le dit S^{gr} de La Gorse, excité par tant de bons exemples, sa santé ne permettant pas de suivre nos armées, a néanmoins toujours conservé son affection et icelle pour notre service et nous en a donné des preuves pendant toute la campagne de la dernière guerre. Il a commandé la noblesse de notre province du Quercy, en qualité de seigneur de la terre de Floressac et a toujours fait à ses dépens et avec beaucoup d'éclat..... En considération des quels services, il nous a très humblement fait supplier, pour le maintenir dans l'honneur ou sa famille a toujours été, de vouloir ériger sa dite terre de Floressac en nom, titre et dignité de marquisat, dont elle peut soutenir la qualité, étant une des plus anciennes seigneuries du Quercy, située dans la sénéchaussée de Lauzerte, relevant de nous, avec tout droit de haute, moyenne et basse justice, de l'étendue de plus de deux lieues du dit Laya ; dont le chef-lieu est un gros bourg, avec un beau château et plus de quarante villages, dans lesquels il a cens, rentes, rachats doubles aux mutations, trois moulins banaux, droit d'avoir un moulin sur la rivière du Lot, de laquelle il est seigneur ; sur l'étendue de sa dite terre, plusieurs beaux domaines nobles, fiefs, droits honorifiques des églises et autres droits qui composent un revenu considérable, et lui permettre, pour le bien et utilité de ses vassaux, d'établir, au dit bourg de Floressac, quatre foires par an : l'une, le lendemain de la fête des Rois, 7 janvier ; la deuxième le jour de la Sainte-Croix, 3 du mois de mai ; la troisième le lendemain de la fête de Saint-Louis, 26 d'août et la quatrième le lendemain de la Saint-Martin, 12 de novembre. — Plus, un marché tous les mardis de chaque semaine et de lui accorder nos lettres sur ce nécessaires.

A ces causes, voulant donner au dit sieur Gilbert Brachet de Peyrusse de La Gorse, des marques de notre bienveillance par un titre d'honneur, qui puisse faire connaître à la postérité, l'estime que nous faisons de sa personne, nous avons créé, érigé, élevé, décoré et de notre grâce spéciale, pleine puissance et autorité royale, créons, érigeons, élevons et décorons par ces présentes, signées de notre main, la dite terre et seigneurie de Floressac, circonstances et dépendances en nom, titre et dignité de marquisat pour en jouir *par lui, ses enfants et postérité mâle mais en légitime mariage*, au dit nom, titre et dignité de marquisat de Floressac, voulons et nous plaît qu'ils se puissent dire, nommer et qualifier marquis, tant en jugement que dehors, qu'ils jouissent de pareils honneurs, droits d'armes, blasons, autorité prérogative, en fait de guerre, assemblées d'états, de noblesse et autrement, tant ainsi que les autres marquis de notre royaume et province de Quercy, encore qu'ils ne soient ici particulièrement spécifiés, que tous les vassaux, arrière-vassaux et autres tenant noblement ou en roture du dit marquisat de Floressac, les reconnaissent pour marquis, fassent leur foi et hommage, baillent leurs aveux, dénombrements et déclarations, le cas y échéant sous le nom de marquis de Floressac; et les officiers exerçant la justice d'icelui intitulent leurs sentences et jugements sous le même nom et titre de marquisat, sans toutefois aucune mutation ni changement de ressort, de mouvance, contrevenir aux cas royaux dont la juridiction appartient à nos baillis et sénéchaux ni que pour raison de la présente érection et changement de titre, le dit sieur *Floressac et ses enfants soient tenus envers nous, ni leur vassaux et tenanciers envers eux, à autres ni plus grands droits que ceux qu'ils doivent à présent;* à la charge de relever de nous à une seule foi et hommage, droits et devoirs accoutumés, sans aussi déroger ni préjudicier aux droits et devoirs, si aucuns étaient dus à autres qu'à nous, ni qu'à défaut d'hoirs mâles, nés en légitime mariage, *nous puissions, ni nos successeurs rois prétendre la dite terre Floressac être réunie à notre domaine en vertu de l'édit de* 1566, auquel édit, et aux précédents et subséquents des années 1581 et 1582, nous avons dérogé et dérogeons par ces présentes. Mais en ce cas, la dite terre retournera en son premier état et titre, ainsi qu'elle était avant la première érection. Et pour plus grande décoration de la dite terre, nous, de nos mêmes grâce et autorité que dessus, avons créé et établi, *créons et établissons par ces présentes, au dit bourg de Floressac, un marché tous les mardis de chaque semaine et quatre foires, par chacun an, pour être tenues à perpétuité, le lendemain de la fête des Rois, 7 janvier; le jour de Sainte-Croix, 7 mai; le lendemain de la fête de Saint-Louis, 26 août; le lendemain de la Saint-Martin, 12 novembre,* auxquels foires et marchés nous voulons que tous, marchands et autres puissent aller et venir, y séjourner, vendre et débiter, troquer et échanger toutes sortes de marchandises licites et permises, sous les privilèges, franchises et libertés des autres foires et marchés de la dite province, permettons au dit Floressac de faire bâtir, halles, bancs, boutiques et étaux pour le couvert et sûreté des marchands et de leurs marchandises et percevoir les droits qui seront pour cela, suivant les us et coutumes des lieux circonvoisins, *pourvu toutefois qu'à quatre lieues à la ronde il n'y ait es dits jours autre foire et marché auxquels les présents puissent préjudicier* et qu'elles n'échoient aux jours de dimanches et de fêtes solennelles, auquel cas, elles seront remises au lendemain et sans qu'on puisse prétendre aucune franchise ni exemption de nos droits.

Si donnons en mandement, à nos amés et féaux conseillers, les gens tenant notre cour de parlement de Toulouse et chambre de nos comptes à Paris, président trésorier de France, au bureau de nos finances, à Montauban, sénéchal du Quercy ou son lieutenant au siége de Lauzerte, et autres de nos officiers qu'il appartiendra, que nos présentes lettres d'érection, ils fassent et régistrer, lire et publier, garder et observer, et de tout le contenu en icelles, jouir et user pleinement, paisiblement et perpétuellement le dit Brachet de Peyrusse de la Gorse, ses hoirs et successeurs mâles, ensemble les vassaux relevant du dit marquisat, cessant et faisant cesser tout trouble et empêchement à ce contraire. Car tel est notre plaisir, nonobstant tous édits et ordonnances, même celle du mois de juillet 1566, et autre portant réunion à notre domaine des duchés, comtés, marquisats et autres dignités, à défaut d'hoirs mâles, lois, statuts, arrêts, constitutions, coutumes, mandements, restrictions ou défenses au contraire, auxquelles ensemble dérogatoires y contenus, nous avons par ces présentes pour cette fois dérogé et dérogeons, et afin que ce soit chose ferme et stable à toujours, nous avons fait mettre notre scel à ces présentes.

Donné à Fontainebleau, au mois de septembre l'an de grâce 1704, de notre règne le soixante-deuxième. LOUIS.

Enquête par la Chambre des Comptes.

14 mars 1705.

Informer bien, dûment, diligemment ce que c'est que la dite terre et seigneurie de Floressac, ses appartenances et dépendances, — quel en est le revenu actuel, — s'il est suffisant pour entretenir les noms, titre et état de marquisat, — de qui elle est tenue en mouvance, quels droits et autorité et prééminence, par la coutume des lieux où elle est assise et située, appartiennent à seigneurie, châtellenie et marquisat ; — ensemble de ceux qui appartiennent au roi, en la dite terre de Floressac, — et si par le moyen de la création et érection d'icelle en marquisat, l'impétrant aura aucuns droits sur les sujets et vassaux qu'il n'a accoutumé d'avoir, et qui puissent diminuer les droits, autorité et prééminence du roi et de son domaine et assurer en quoi, comment et pourquoi et à quelle somme il pourrait monter par chacun an les dites diminutions, si sa Majesté, les habitants et sujets de la dite terre et voisins d'icelle ont intérêt ou dommage en la dite érection, — et qu'il soit généralement informé sur tout ce que dessus et qui en dépend, concernant la commodité ou incommodité de l'érection de la dite terre en marquisat, ensemble sur tous autres points et articles dont serez requis tant par le procureur général du roi ou son substitut sur les lieux que par le procureur du dit impétrant.

Et à l'égard des marchés et foires, créés et établis au dit bourg de Floressac, outre le dit substitut et receveur ou contrôleur du domaine, appelez encore avec tous les élus sur le fait des aides ou l'un d'eux en l'élection où est situé le dit lieu ; informez et enquérez bien et dûment s'il est profitable au roi et au bien public du dit pays, qu'au dit lieu de Floressac soient établis les dits marchés et foires ; — en quoi et comment serait le dit profit, ou si au contraire, aucun préjudice ou dommage pouvait s'en suivre à sa dite Majesté ou au dit bien public, et aux seigneurs et villes ayant marché et foire aux environs ; et si les droits, devoirs, domaines et aide de Sa Majesté en pouvaient être aucunement diminués ou retardés. — En quoi, comment et pourquoi. — Informez-vous pareillement quels marchés et foires sont aux environs du dit lieu de Floressac, et à quatre lieues près d'icelui, de tous côtés. — A qui sont les marchés et foires et à quels jours ils se tiennent, — de quels droits, et franchises et libertés ils jouissent ; — si près du dit lieu de Floressac, le roi a aucunes villes es-quelles les dits marchés et foires fussent mieux et plus convenablement établis, constitués et ordonnés, — et afin que ceux à qui ce touche ou peut toucher, n'en puissent prétendre cause d'ignorance, faites publier aux lieux accoutumés à faire crier, les dites lettres patentes, en ce qui concerne l'établissement des dits marchés et foires, aux villes voisines à quatre lieues près du dit lieu de Floressac, en faisant savoir par la dite publication, que si aucun veut contredire, empêcher ou s'opposer au dit établissement de marchés, vienne par devers vous ou envoie par écrit les causes de son opposition, contredit ou empêchement, dans un mois au plus tard, après la dite publication et l'information, et tout ce que par vous il aura été fait, nous l'envoyez par écrit avec les dites causes d'opposition et les dits opposants si aucuns il y a ; ajournez à certain et compétent jour, par devant nous, en la dite chambre, — ensemble les avis sur ce, de tous et des dits officiers, le tout en forme due.

Clos et scellé pour ce fait, rapporté et communiqué au procureur général du roi et lui ouï, être par nous ordonné ce que de raison. De ce faire, vous donnons pouvoir, mandons en outre à tous, ce faisant, vous obéir.

Donné en la Chambre des Comptes, le 14 novembre 1705; RICHEY.

Procès-verbal pour l'érection de Floressac en marquisat.

7 octobre 1722.

Nous, Pierre Martin, conseiller du roi, lieutenant et magistrat en la présente juridiction royale de Montcabrier, commissaire député par les lettres patentes de la Chambre des comptes, du 14 novembre

1705, à nous adressées pour la vérification des faits contenus en icelle. — Nous nous serions transporté jusqu'à deux fois dans le bourg de Floressac, et étant au milieu de la place, nous aurions donné à entendre à tous les habitants le contenu aux dites lettres, afin que personne ne l'ignorât et qu'un chacun pût venir dire ses raisons et former ses oppositions à l'enregistrement des dites lettres patentes, s'il en avait à proposer au dit Martin, dans la maison du sieur Bonnet, greffier de la commission, chargé d'écrire tout ce qui lui serait représenté, tant par les dits habitants de Floressac qu'autres du voisinage, et parce qu'il ne suffisait pas de faire seulement la proclamation dans le dit lieu de Floressac et ses dépendances, nous avons chargé le nommé Pierre Gimbal, sergent royal, de se transporter dans tous les lieux voisins à l'issue des messes paroissiales ou des vêpres, pour faire les proclamations requises et nécessaires et même des actes à MM. du domaine du roi à Montauban, pour leur déclarer que Sa Majesté avait érigé la dite terre de Floressac en marquisat, et que s'il y avait quelque raison à opposer, ils n'avaient qu'à l'envoyer au sieur Bonnet, sans que, jusqu'à ce jour, personne se soit présenté par devant nous ni le dit Bonnet, pour former aucune opposition. Ainsi la dite Chambre des comptes peut à présent, si bon lui semble, procéder à l'enregistrement des dites lettres, portant l'érection de la terre de Floressac en marquisat. — 7 octobre 1722. Martin, commissaire.

Requête présentée à la Chambre par Anne-Nicole Dangé, veuve de Gilbert Claude, impétrant, comme tutrice de ses quatre enfants mineurs. — 21 mars 1783.

« Qu'il plaise à la Chambre, dans le cas où elle ne se trouverait pas suffisamment éclairée, sur la commodité ou incommodité de l'érection de la dite terre en marquisat et d'établissement des dites foires et marchés, ordonner que par tel juge qu'il plairait à la dite Chambre de commettre, il serait de nouveau informé sur les lieux, à la requête du procureur général du roi, en présence de son substitut, des points articulés dans l'arrêt de la dite Chambre du 11 novembre 1705, pour le procès-verbal qui en serait dressé par le dit commissaire, rapporté et communiqué à M. le procureur général du roi, être ensuite par la dite Chambre procédé à l'enregistrement des dites lettres d'érection.

» Vu la requête ci-dessus, la Chambre a ordonné et ordonne, avant faire droit; les dites lettres du mois de septembre 1704 être communiquées à Jean-Vincent René, chargé de l'administration générale des domaines du roi, ensemble au juge royal et procureur du

roi de la justice du ressortissement de celle de Floressac, pour
chacun en ce qui les concerne, donner leur avis et consentement à
l'enregistrement des dites lettres, ou dire autrement, ainsi qu'ils
aviseront bon être pour les intérêts du roi. Mariolan. »

Une nouvelle enquête eût lieu : comme elle rappelle dans tous
ses détails, celle qui fut précédemment ordonnée, nous n'en repro-
duirons point le texte. Les conclusions furent les mêmes qu'en 1705.
Aussi, trouvons-nous à la date du 28 août 1783 :

« Enregistrées en la Chambre des comptes, ouï le procureur
général du roi, pour jouir par les enfants du dit défunt Gilbert
Brachet de Peyrusse et leur postérité mâle, née et à naître en légitime mariage, seigneurs et propriétaires, du dit marquisat de Floressac, de l'effet et contenu en icelles, suivant et aux charges
portées par l'arrêt de la Chambre ; sur ce, fait le 28 août
1783. Mariolan. »

Note VII.

Guillaume Brachet, chevalier croisé.

Ego Elias Roufignaco miles, notum facio universis ad quos littere
presentes pervenerint quod ego vice et nomine nobilium domicel-
lorum Reynaldi de Rofignaco filii mei, Guillelmi Bracheti et
Audoyni de Lestrangiis recepi a Simone de Saulo mercatore
Jannensi mutuante pro se et ejus sociis ducentas et quinquaginta
libras turonenses pro quibus illustris dominus et comes Pictavensis
et Tholosanus erga predictum Simonem se plegium constituit
mediante bonorum nostrorum obligacione dicto domino comiti
facta prout in specialibus nostris litteris plenius continetur. Et de
ipsa librarum quantitate per manus dicti Simonis recepta me dicto
nomine procuratoris pagatum et contentum confiteor atque reco-
gnosco. In cujus rei testimonium presentes litteras sigillavi sigillo
meo.

Actum apud Accon, anno Domini M. CC. quinquagesimo mense
Junio.

Traduction. — « Moi, Elie de Roufignac, chevalier, je fais savoir
à tous ceux qui ces lettres verront qu'en lieu et au nom de nobles
damoiseaux Raynald de Roufignac, mon fils, de Guillaume de
Brachet et d'Audoin de Lestranges, j'ai reçu de Simon de Saulo,
marchand génois, prêtant pour lui et ses compagnons deux-cent-
cinquante livres tournois, pour lesquelles illustre seigneur Alphonse,

comte de Poitiers et de Toulouse, s'est rendu garant près du dit Simon, moyennant l'obligation de nos biens faite au dit comte, ainsi qu'il est plus au long contenu dans nos lettres spéciales et de cette somme de livres reçue des mains du dit Simon, pour moi et au dit nom de procureur, je m'avoue et reconnais payé et satisfait.

» En témoignage de quoi, j'ai scellé les présentes lettres de mon sceau.

» Fait à Acre, l'an du Seigneur mil-deux-cent-cinquante, au mois de juin (1). »

Cette note, sur la présence de Guillaume Brachet aux Croisades, possède tous les caractères d'authenticité. Toutefois, comme beaucoup de titres de même origine ont été falsifiés par des complaisants intéressés, désireux de mettre à l'abri de toute critique la valeur du vieux parchemin, nous avons apporté un témoignage que nul ne peut récuser. Dans le palais de Versailles se trouvent les salles dites des *Croisades*; à leurs murailles sont appendues les armoiries des chevaliers qui, de Godefroi de Bouillon à Saint-Louis, ont combattu contre le croissant et pour le Christ (1095-1270). Dans leurs rangs figurent celles des de Brachet : *d'azur, à deux chiens braques courant d'argent*. Vingt-quatre autres écus rappellent la vaillance de la noblesse limousine. Leurs noms appartiennent à l'histoire ; c'est à ce titre que nous les inscrivons.

Familles originaires du Limousin qui ont assisté aux Croisades et dont les armoiries figurent à Versailles, dans les salles dites des *Croisades*.

Guillaume de Brachet.

de Magnac.	de Rochechouart.
de Coustin.	1141 de Nouailles.
de Carbonnières.	1147 d'Aubusson.
1147 de Comborn.	1153 de Ventadour.
du Authier.	de Roffignac.
de Bonneval.	de Boussac.
de Corn.	de Gain.
de Valon.	de Turenne.
de Lastcyrie.	de Lastours.
de Lubersac.	de Chabanais,
de Cosnac.	Giraud de Gourdon.
de Saint-Chamans.	1148 Ithier de La Marche.

(1) Au dos d'une écriture du temps, on lit : Quictancia E de Roufign'aco militis procuratoris de ccl. libris turonensibus M. CC. L. — D'une écriture moderne : Quittanza Simon de Saulo L xix.

CONCLUSION

Nous avons dressé l'arbre généalogique de la famille de Brachet, — fouillé le sol où ses racines avaient pris naissance, — mesuré l'étendue des terres qu'il devait protéger de son ombre, — compté les multiples rameaux, qui dans le cours des temps sont venus se greffer sur son tronc ; — enfin ses branches, toujours fécondes, nous les avons vues se parer et de fleurs et de fruits.

Mais cette fécondité qui se renouvelle à travers les âges, n'est elle-même que l'expression, le produit d'une activité secrète et intérieure ; elle suppose une sève, une vie intime et cachée, principe et aliment de ses fruits.

Telle fut bien la pensée de nos rois lorsqu'ils élevèrent aux charges, aux dignités, aux honneurs publics les membres de cette famille : « Mons. de La Gorse, pour vos vertus, vaillance et mérites, vous avez été choisi et élu par l'assemblée des chevaliers frères et compagnons de l'Ordre de Monsieur Saint-Michel pour être associé à la dite compagnie ». (Lettre du roi Charles IX.) 1570. — François Brachet, reçu chevalier de Malte parce que, « par bonne conduite et dévote intention, il désire être de notre religion, pour y être reçu en rang de frère chevalier, au service de Dieu..... et tuition et défense de la sainte foi catholique, apostolique et romaine (1672) ».

« Bien que la vertu doive être suivie de chacun pour elle-même..... néanmoins, les rois nos prédécesseurs ont toujours voulu récompenser par des titres d'honneur ceux qui se sont signalés pour leurs services..... De pareilles récompenses ont inspiré à leurs descendants les mêmes sentiments d'amour pour la gloire, en sorte que la vertu est devenue comme héréditaire dans les familles..... pour la longue suite..... d'actions recommandables dont les pères ont laissé les exemples à leurs enfants. Cela se remarque dans la maison de notre cher et bien amé Gilbert de Peyrusse. » (1704. — Louis XIV.)

Cette sève mystérieuse, vertu secrète et féconde, c'est au sein de la famille qu'elle naît et grandit, c'est au foyer domestique et là seulement qu'il nous faut la chercher. Les maisons seigneuriales du Quercy, du Limousin et de la Marche, si nous les interrogions, nous diraient la cause de tant de distinctions dont furent honorés leurs nobles maîtres ; mais de tous ces châteaux, le plus récent par ses origines, celui du Maslaurens, est le seul qui nous soit familier.

Ce que nous en savons atteindrait, il est vrai, grâce à nos souvenirs, les proportions d'une légende : ici encore, il faut savoir se borner. Nous tairons donc les nombreuses créations d'œuvres pies et charitables, réalisées par les seigneurs du Maslaurens, les dons distribués sans parcimonie aux églises, aux communautés, à l'Hôtel-Dieu, au collége, aux prêtres de Saint-Quentin, qui en gardent bonne mémoire, les rentes constituées au profit de Croze, leur paroisse natale et que confirmait en 1791 le dernier représentant de cette famille. Nous aurions voulu reproduire dans son texte primitif l'acte de fondation d'une vicairie, par Annet Brachet. « En reconnaissance de ce que M^r défunt Louis Brachet et Jacqueline Lamothe, dame du Maslaurens, sa feue mère, ont fait bâtir et construire et édifier une chapelle..... en considération de ce que Dieu leur avait donné un fils, suivant leur vœu fait à Madame Sainte-Anne (1666). »

Céder à cet attrait de la chronique eût été, d'une part, dépasser les limites d'une étude généalogique ; et d'autre part, en nous laissant entraîner par ce courant isolé, nous nous exposions et à méconnaître la source même, et à oublier les autres ruisseaux d'origine commune, mais de fortune diverse.

Nous devons suivre le fleuve à travers ses multiples méandres, si nous voulons apprécier ce qu'il fût, ce qu'il est, ce qu'il vaut. Une goutte d'eau de l'océan, nous dit toute la nature des flots qui s'agitent dans ses vastes abîmes : il est une heure dans la vie qui donne la mesure de toutes les autres, parce qu'elle en est l'écho, le couronnement, le terme : nos pères avaient à honneur de marquer d'un sceau indélébile cette heure suprême, ils confiaient à sa garde le dépôt sacré de leurs volontés dernières, leur testament. C'est cette heure qu'il nous faut interroger, assurés d'avance de la véracité de son témoignage.

Testament du 1ᵉʳ juillet 1682.

« Anne de La Gorse, de Limoges, de Floressac, veuve d'Anne Brachet, Sᵍʳ du Maslaurens..... » ..... Après m'être munie du signe de la croix, en disant : In nomine patris, etc., je donne mon âme à Dieu, le suppliant de vouloir pardonner mes péchés et la recevoir en son saint paradis; je prie la Sainte-Vierge, Sainte-Anne, ma patronne, mon bon ange gardien, m'assister à l'heure de la mort et vouloir intercéder pour moi. — Je veux, après mon décès, être ensevelie dans mes tombeaux de Silliat et le jour de mon enterrement, d'y pourvoir à tel prêtre que bon semblera, d'obtenir provision de Mᵍʳ l'évêque de Limoges, pour l'entretiennement de la dite Confrérie : lequel prêtre prendra la dite dîme des Combes, au refus de lui payer par les dits héritiers les dix sétiers de bled seigle; — lequel testateur veut aussi qu'il soit payé dans trois mois après son décès, aux dits PP. Récollets du couvent de Guéret et d'Aubusson, la somme de six vingt livres, qui est à chacun soixante livres, lesquelles il leur a données, afin qu'ils soient obligés de prier Dieu pour son âme.

1594. — Lionnet Brachet, écuyer, S^{gr} de La Nouailles, paroisse de Mazau, en Haut-Limousin.... ; institue son héritier universel Louis, son fils aîné, et lui substitue François son frère, et à eux substitue Guy, fils à feu Jean Brachet, son frère aîné, S^{gr} de Peyrusse, et à son défaut, Lionnet son filleul, frère du S^{gr} de Peyrusse.... ; donne au curé et prêtres filleuls de la paroisse de Mouzac, cent livres tournois pour leurs vacations et services divins qu'ils feront à son intention.

1589. — Françoise de Coux, veuve de Jacques de La Mothe, belle-mère de Louis de Brachet, S^{gr} du Maslaurens, donne en préciput à Annet de La Mothe, son fils unique, le tiers de ses biens et l'institue son héritier conjointement et par égale portion, avec ses filles, Jacqueline, épouse de Louis Brachet et Jeanne..... « Elle veut être inhumée dans l'église de Croze, au tombeau de son feu mari. — Pour le jour de son enterrement, le jour de la quarantaine et de l'an révolu, veut qu'on invite pour prier pour son âme, jusqu'au nombre de cent prêtres (1) du nombre desquels elle veut MM. les chanoines de Montieroseille, les prêtres des deux communautés des églises paroissiales de Felletin. Les paroissiens de Gioux et ceux de Croze sont invités ; — un annuel en l'église de Beaumont-les-Felletin et en la chapelle de Monsieur Saint-Jacques, de la dite église ; — un autre annuel dans l'église de Croze ; et le prêtre qui le chantera, récitera sur la tombe de la testatrice un *de profundis* et un *pater noster* ; — une aumône de six vingt sétiers de bled seigle, le jour de son enterrement ; — à son fils, toute son argenterie qui consiste en une aiguière, un bassin à laver les mains, deux nattes, cuillères et deux salières, le tout d'argent. — A chaque année, le jour du jeudi absolu (jeudi-saint), une aumône de

(1) Ce chiffre de cent prêtres paraît fabuleux pour nos temps. Ce genre de solennité donné aux funérailles était assez en usage au xvi° siècle. « Par son testament du 6 avril 1534, Jean IV, Hélie de Colonges, vingt-sixième abbé commendataire de l'abbaye de Dalon (Dordogne) demande..... qu'on appelle pour sa sépulture cinq cents prêtres ; pour la messe de *Requiem*, chantée le quinzième et le quarantième jour, sept cents, et pour l'anniversaire, treize cents. » Nadaud rapporte que par son testament du 22 mars 1523, Louise Pastoureau, femme d'un marchand de Nontron, demande trois cents prêtres à son enterrement et aux cérémonies du septième jour et du bout de l'an.

(Abbaye de Dalon, *Monastères du Limousin*, par M. Roy de Pierrefite).

douze setiers seigle, mesure de Felletin ; — à treize pauvres requis, treize aunes de drap de laine et un pain. — Donne et lègue, la dite testatrice, pour aider à fonder un collège en la ville de Felletin, pour instruire la jeunesse à la crainte de Dieu et aux bonnes mœurs, la somme de dix écus sols.

1579. — Françoise de Coux du Chastenet, épouse en deuxième noce de Lionnet Brachet, écuyer, S^gr de La Nouaille, — fait héritier universel son fils aîné Louis Brachet..... — donne soixante livres aux prêtres pour l'inhumation et les services et aux pauvres, six setiers bled, à sa mort, et six autres setiers, à l'anniversaire de son décès, après la célébration du dit service. — Dans son testament, Lionnet Brachet, époux de Françoise de Coux et père de Louis de Brachet, époux de Jacqueline La Mothe, entre autres legs pieux, avait donné deux cents livres aux prêtres de la communauté de Saint-Quentin.

Donation et testament.

Nous plaçons sur une même ligne ces deux actes, différents par nature, mais qui n'en font qu'un dans la pensée de leurs auteurs : ils émanent de René Brachet, dernier membre de la branche de Montaigu, et de Jeanne d'Aubusson, son épouse. Le premier nous dit la famille qui commence et les mesures qui garantiront son avenir ; le second nous révèle aussi la famille, mais au soir de sa journée de travail, alors que toute œuvre est accomplie. Cet acte qui la couronne, est aussi un monument, élevé par une main vaillante et chrétienne, il doit rester à titre de témoignage et de souvenir. Transcrit à la dernière page du livret, il n'est pas seulement la conclusion de notre étude sur la maison de Brachet ; c'est le sceau seigneurial, affirmant l'authenticité des faits et gestes de cette famille, dans son existence sept fois séculaire.

« Donation, par René Brachet, S^gr de Salagnac, Montaigu et Fontbusseau, de tous ses biens présents et à venir..... en faveur du premier enfant mâle qui naîtra de son mariage avec Jeanne d'Aubusson, ou autre mâle, s'il en a plusieurs, à son option et élection ; et en cas qu'il ne naisse aucun enfant mâle du dit mariage, au premier mâle, ou s'il y en a plusieurs, à celui qu'il choisira entre ceux qui lui naîtront d'un second mariage, si il convole en secondes noces ; et si de l'un ou l'autre mariage, il n'a point d'enfant mâle, à la première fille, ou à celle qu'il lui plaira de choisir, sauf aux autres enfants, si ils sont mâles, leur légitime sur les dits biens ; et si ils sont filles, dot et mariage compétent selon la faculté des dits biens.

La dite donation faite sans préjudice des réservations et conditions suivantes : savoir, que le donateur se réserve l'usufruit de
tous les dits biens, sa vie durant; — que s'il lui convient d'aller au
service du roi, il pourra prendre et vendre sur les dits biens, ce
que bon lui semblera; et s'il était pris prisonnier au dit service ou
autrement, tirer aussi sur les dits biens, le prix de sa rançon; —
comme aussi pour marier des filles s'il en a et pour autres causes
nécessaires — il pourra pareillement disposer par testament pour
son âme et autres œuvres pies; — son héritier devra porter les
armes et le nom de Brachet, quarantaine et bout de l'an, qu'il soit
fait une aumône générale à tous les pauvres qui s'y trouveront et
que les portions qui s'y distribueront soient de valeur chacune de
deux sols; je donne sept vingt dix livres aux Récollets de Tulle :
je les prie de dire à perpétuité, à pareil jour ou semaine de mon
décès, quinze messes à haute voix; — aux RR. PP. Carmes,
cinquante livres, à perpétuité et à pareil jour de mon décès ils
diront six messes à haute voix; aux prêtres de la communauté de
Silliat, cent livres dont cinquante seront employées aux réparations
de l'église et deux messes de mort à haute voix au maître-autel de
Silliat, au jour anniversaire de ma mort et à perpétuité; — de plus,
après la messe, un *libera* sur ma tombe. Les syndics des dits prêtres
seront tenus, le jour que les messes seront dites, d'avertir mon
héritier ou les siens hoirs et successeurs d'y assister; — au curé de
Croze, cent livres, à la charge de dire des messes pour le salut de
mon âme et employer incontinent qu'il l'aura reçue, la somme de
cinquante livres à la réparation de la dite église de Croze; — aux
prêtres de la communauté de Floressac, cent livres pour le salut de
mon âme, avec une charge d'employer cinquante livres à la réparation de l'église; — à Marguerite Guérot, ma fille de chambre, cent
livres, en plus de ce qui lui est dû ou sera dû de ses gages, jusqu'à
mon décès; — à chacun de mes autres domestiques, valets ou
servantes qui se trouveront dans la maison, lors de mon décès, à
chacun dix livres; — à chacun des laquais qui me serviront, la
somme de cinq livres, à la charge que les dits valets, servantes et
laquais seront tenus de prier Dieu pour le salut de mon âme et
moyen ce, je les fais mes héritiers particuliers.

Je déclare avoir été conjointe en mariage avec le dit feu Brachet,
Sgr du Maslaurens, mon cher époux, et duquel mariage il est né
quatre enfants, deux fils mâles, Gilbert et François, et deux filles,
Léonore et Anne-Gilberthe. — Je donne et lègue au dit François,
chevalier de l'Ordre de Saint-Jean-de-Jérusalem, la somme de quinze
mille livres; — à ma seconde fille, Anne-Gilberthe, religieuse au
monastère de Saint-Bernard de Tulle, à laquelle j'ai fait une aumône

dotale ; en plus, je lui donne et lègue en augmentation, la somme de trente livres, chacun an et si longuement qu'elle vivra..... Et parce que le fondement de tout testament, est l'institution d'un héritier, je nomme Gilbert Brachet de Limoges, mon fils aîné, mon héritier universel, à la charge aussi de porter mon nom et armes écartelées qu'il mettra avec celles de mon dit feu sieur époux ; lorsqu'il passera divers contrats et autres actes importants, qu'il signe : de Brachet de Limoges.

1682, 1er juillet.—Testament d'Anne Brachet, époux d'Anne de La Gorse. — Les mêmes dispositions pour ses enfants. — Il veut être inhumé dans la paroisse où il viendra à décéder, — il lègue cent francs aux Récollets de Tulle, six mois après son décès, pour cinquante messes ; — à l'église paroissiale où il sera inhumé, cinquante livres pour cinquante messes à voix haute ; — six vingt livres à Martial Prieis, son ancien valet de chambre.

1639. — Jacqueline Lamothe, épouse de Louis Brachet, veut que son corps soit inhumé dans l'église de Croze, au tombeau de ses prédécesseurs.

1636. — Jacques de Limoges, Beynac, Floressac, veut être inhumé au chœur de l'église de Notre-Dame de Seillac, au tombeau de ses prédécesseur et où Marguerite de Ladouze, sa chère première épouse est inhumée ; — ses obsèques à la discrétion de son héritier, *recommandant surtout les aumônes.*

1624. — Léon Brachet, écuyer, Sgr et baron de Montaigu et de Saint-Avit, fait héritier universel son neveu Gabriel d'Aubusson, « aux charges et conditions de porter son nom et ses armes, dès le jour de son décès..... » Il veut être inhumé dans ses tombeaux de l'église de Montaigu... En conduisant son corps au dit lieu, qu'il soit assisté par douze prêtres, ainsi que par deux PP. Récollets de la ville d'Aubusson et que les dits prêtres soient salariés de chacun vingt sols, outre leurs dépenses entières, allant et venant ; que le matin où son corps partira, il lui soit fait un service dans l'église de Saint-Avit et que son oraison funèbre soit faite par les dits prêtres ; — qu'il soit fait par ses héritiers trois aumônes convenables, le jour de son enterrement, à la quarantaine, au bout de l'an, à chacun des pauvres qui y assisteront, un sol en pain ou en argent ; — qu'il lui soit fait un annuaire d'une messe basse, tous les jours, durant l'an, à l'autel de Mr Saint-Michel, au dit lieu de Montaigu ; — plus, *que la Confrérie du Saint-Rosaire, qu'il a faite, instituée* au dit lieu de Saint-Avit, soit entretenue par ses héritiers, et que le service soit fait par un prêtre de bonne vie et réputation, auquel ses héritiers seront tenus de payer, chacun an, à chacune fête de Notre-Dame d'août, dix sétiers de bled seigle, mesure d'Ahun, et au cas que les dits héritiers ne voudront entretenir la dite confrérie et payer le dit prêtre, il veut que le dit prêtre qui fera le dit service, puisse jouir du dîme des Combes, lequel il a donné et affecté dès à présent comme dès lors au prêtre susdit et duquel dîme, il pourra jouir comme de sa propre chose et au cas où les héritiers ne voudront faire élection d'un prêtre pour faire le dit service, dans trois mois après son décès, sera loisible.

Testament reçu et signé Guillaume Cothereau et Jean Herbain, notaires au Châtelet de Paris. 10 mars 1569.

. . . .

Jeanne d'Aubusson, dame de La Borne et du Dognon, épouse de René Brachet, chevalier, Ser de Montaigu..... Considérant en elle qu'il n'est rien plus certain que la mort, ni chose moins incertaine que l'heure d'icelle, ne voulant décéder intestate de ce siècle mortel et transitoire, en l'autre qui est immortel, perdurable et éternel, de son bon gré, pure, franche et libérale volonté, propre mouvement et certaine science, a fait, ordonné et disposé son testament et ordonnance de dernière volonté, en la forme et manière qui s'en suit :

Et premièrement recommande son âme à Dieu, le créateur, quand de son corps partira, à la glorieuse Vierge Marie, mère de Dieu.

Item. Fait son testament de cinq sols parisis, pour être distribués en la manière accoutumée.

Item. Veut et ordonne ses dettes par elle loyalement dues être payées et acquittées, et ses torts faits, si aucuns y en a, réparés et amendés par ses exécuteurs ci-après nommés.

Item. Veut et ordonne son corps être mis en un cercueil de plomb et être porté en l'église des Arts (Paris) le jour ou le lendemain, avec vigiles, laudes et recommandations et vingt-quatre torches pour le curé, avec la herse et de riches serges, tant pour le jour que le lendemain de son enterrement, et avoir à son convoi les quatre ordres mendiants de cette ville de Paris et à chacun être baillées deux torches pour conduire son dit corps. Et le troisième jour de son enterrement, ordonne son dit corps être porté en l'église des Cordeliers de cette ville de Paris, pour y être gardé, jusqu'à ce qu'il soit en l'église de Montaigu, en Limousin, qu'elle veut et ordonne y être porté, le plustôt que faire se pourra, et auquel couvent des Cordeliers, la dite testatrice veut et ordonne y être chanté et célébré le lendemain en suivant que son dit corps y sera porté, un service complet avec treize messes basses de *Requiem*, avec vigiles, laudes et recommandances.

Item. Veut et ordonne la dite testatrice, que pour la garde de son dit corps et aussi pour être participante des prières du dit couvent, être baillée et payée outre et par-dessus ce qui conviendra pour les dits services et messes, la somme de vingt-six livres tournois.

Item.,... Que sitôt que son dit corps sera arrivé en l'église de Montaigu, soit chanté un anniversaire, qui commencera du jour qu'il y sera arrivé, et à la fin de la dite année, qu'il soit chanté un service complet avec trois hautes messes de *Requiem*, vigiles, laudes et recommandances, avec la prose des trépassés et treize basses messes de *Requiem*; et ce fait, son dit corps être porté en la fin de la dite année, en l'église de la baronnie de La Borne, en laquelle église, la dite testatrice veut et ordonne être chantée et célébrée une basse messe de *Requiem*, par chacune semaine à toujours, à pareil jour qu'elle décédera, et pour faire chanter la dite messe, être faite telle fondation et dotation avec les marguilliers de la dite église de La Borne, que ses exécuteurs ci-après nommés aviseront à ce que les dits marguilliers soient tenus de fournir le pain enchanté, calice, ornements, luminaire et autres choses à ce nécessaire et veut que le seigneur ou dame du dit lieu de La Borne à venir présente aux dits marguilliers un homme d'église, prêtre et homme de bien, pour chanter et célébrer la dite messe.

Item..... Que la donation mutuelle et réciproque, faite entre le dit seigneur Brachet, son mari, sorte son plein et entier effet, selon sa forme et teneur.....

Item..... Que le S^{gr} de Montaigu, son mari, jouisse, sa vie durant, par forme d'usufruit de la dite terre et baronnie de La Borne, à la charge qu'il en usera comme un bon père de famille. Et pour le regard de la propriété de la dite terre et baronnie de La Borne, la dite dame donne, lègue et laisse icelle à Joseph de Saint-Julien, fils aîné de Jean de Saint-Jullien, écuyer, S^{gr} de Saint-Marc, à la charge que le dit Joseph de Saint-Jullien épousera en loyal mariage, demoiselle Anne Dupuy, seconde fille de noble homme et sage M^{ir} Philippe Dupuy, S^{gr} de Saint-Valérien, conseiller du roi, notre sire, en sa cour de parlement de Paris, à la charge que le dit Joseph de Saint-Jullien sera tenu de porter le nom et armes de la maison d'Aubusson.... Pour d'icelle terre et baronnie jouir, user et posséder en propriété, par les dits Joseph Saint-Jullien et la dite demoiselle Anne Dupuy, chacun par moitié, et qu'étant conjoints par mariage, s'il advenait que l'un ou l'autre décédât, le survivant jouira par usufruit, sa vie durant, de la dite terre et baronnie, et après son décès, icelle terre et baronnie retournera au fils aîné mâle, descendant d'eux, à pareilles charges que dessus ; et s'il advenait que le dit Joseph Saint-Jullien allât de vie à trépas avant la solemnisation du dit mariage ; en ce cas, la dite testatrice fait pareille donation que dessus au frère puisné de Joseph Saint-Jullien, à la charge qu'il épousera comme dessus, demoiselle Anne Dupuy ; et où il adviendrait que demoiselle Anne Dupuy, allât de vie à trépas, avant le dit mariage consommé ; en ce cas, le dit Joseph, ou s'il était décédé, son frère puisné, sera tenu d'épouser la fille aînée du S^{gr} de Saint-Valérien, ou l'une de ses autres filles, à pareille charge que dessus, si les frères Saint-Jullien décédaient avant d'être conjoints par mariage à Anne Dupuy ou à l'une de ses sœurs, si Anne Dupuy décédait, la terre et baronnie appartiendrait à l'aînée ou à celles qui survivrait à la charge que le mari qu'elle épousera portera le nom et les armes de la dite maison d'Aubusson et où il adviendrait que Joseph de Saint-Jullien, et après son décès, son frère puisné ne voulût épouser la dite demoiselle Anne Dupuy, — la terre et baronnie appartiendra à la dite demoiselle Anne Dupuy qui en disposera par elle et ses hoirs, à la charge que le mari qui l'épousera, portera le nom et les armes de la maison d'Aubusson.

Item..... Donne à demoiselle Françoise d'Aubusson, sa demoiselle, la somme de 4,000 livres tournois, qu'elle veut lui être payée incontinent après son décès, afin qu'elle prie Dieu pour son âme. — 2,000 l. tournois, à Catherine Barrière, sa fille de chambre, afin que, etc. — 500 écus d'or soleil, à noble homme, M^{tr} René Brasseteau, avocat en la cour de parlement, afin que, etc. — 500 écus d'or soleil, à noble homme André Rousseau, avocat en parlement, afin que, etc. — 500 écus d'or soleil, à noble homme Étienne de Nanube, avocat au grand conseil du roi, afin que, etc. — La dite dame testatrice donne et lègue à Me Antoine Goumy, prêtre de La Borne, afin qu'il soit tenu toute sa vie à prier Dieu pour l'âme d'icelle et de ses amis trépassés, la rente qu'elle avait accoutumé de lever sur le lieu de La Borne, tant en bled, froment, grains, cens, rentes et autres revenus ; plus, la dite dame a affranchi la maison du dit Goumy, de tous et chacuns cens, rentes, droits et devoirs qu'il devait à la dite dame et à ses successeurs, pour tous les héritages qu'il possède au dit lieu de La Borne et en outre lui a baillé et donné l'usage de pouvoir prendre en ses bois de Londaynine, son chauffage, et cela sa vie durant ; plus la dite dame a quitté et quitte le dit Goumy et les siens de tous les maniements, charges et recettes que le dit Goumy pourrait avoir pris et levés pour et au nom de la dite dame, en ses terres et seigneuries du Dougnon, de La Borne et ailleurs, de tout le temps passé, jusques à huy.

Item. A M. Pierre Dubreuil, greffier de la baronnie de La Borne et notaire royal, demeurant au lieu du Breuil, le greffe de la baronnie de La Borne, à lui et aux siens perpétuellement, ensemble le lieu et village du Breuil, ses appartenances et dépendances, sans rien réserver ni retenir, fors le droit de justice, moyenne, haute et basse, lequel village le dit Dubreuil tiendra en fief de la dite baronnie de La Borne; plus lui a affranchi une métayrie, qu'il a lui appartenant; elle lui donne le droit d'usage et chauffage de sa maison en ses bois et forêts de la dite baronnie de La Borne, — en outre, elle quitte le dit Dubreuil et les siens de tous et chacun les maniements, administration, charge et recettes de deniers, que le dit Dubreuil pourrait avoir pris et levés pour et au nom de la dite dame, en ses terres et seigneuries du Dougnon, La Borne et ailleurs,... en récompense des services qu'il lui a faits et à ce qu'il soit tenu de prier Dieu pour elle. — *Item*. 200 écus d'or soleil, à Jean Meaulme, son secrétaire et solliciteur; plus lui donne la charge de procureur fiscal, au dit lieu de La Borne, pour en jouir, sa vie durant, en récompense des services qu'il lui a faits, et afin qu'il, etc. — 20 écus d'or soleil, à frère Benoit Dubuisson, religieux cordelier pour lui aider à entretenir ses études et afin, etc. — *Item*. 100 écus d'or soleil, à Jean Valette, son serviteur, afin, etc. — *Item*. 1,000 livres tournois à Marc Touraulz, brodeur, afin qu'il, etc. — 100 écus d'or soleil à Georges Germont, Sgr de Villefort, gentilhomme du dit Sgr de Montaigu, son mari, afin, etc. — *Item*. 200 écus d'or soleil à Léonard Dayras, boucher de La Borne; plus lui a quitté et quitte tout le maniement des affaires, que cette dame lui avait baillé, charge de faire, tant de recettes d'argent, levées de grains que autres choses, sans qu'il soit tenu à en rendre aucun compte ni lui ni les siens, en récompense des bons et agréables services qu'il lui a faits et à ce qu'il soit tenu de prier pour elle. — *Item*. 20 écus d'or soleil à Jean Benoit, son palefrenier, afin, etc. — *Item*. 3,000 livres tournois à noble homme Pierre de Saint-Jullien, Sgr de La Chassagne, pour subvenir au mariage de l'une de ses filles et non en autres choses.

Pour exécuteurs testamentaires, la dite dame a nommé ses chers et bien-aimés, le dit Sgr de Montaigu, son mari; noble homme Mlr Christophe du Harlay, conseiller du roi notre sire, en son conseil privé et président en sa cour de parlement; et le dit Me Philippe Dupuy, Sgr de Saint-Valérien, de Baron et de Barmont en la Marche.

Avons fait mettre à ces présentes le scel de la dite prévôté de

Paris, fait et passé l'an 1569, le jeudi, dixième jour de mars, entre onze heures et douze heures du matin, ainsi signé : Cothereau et Herbin.

CODICILLE.

La dite dame donne et lègue à Horace de Bonneval, fils de Gabriel et de Dame Jeanne Danglars, 4,000 livres tournois; les avoir à prendre sur l'hypothèque et dette à elle due, par le dit Gabriel, son père, et à ce qu'il soit tenu de prier pour son âme. — *Item.* 20 écus d'or soleil à M. René Grasseteau, pour lui avoir son mulet. — *Item.* 20 écus d'or soleil, à Catherine Barrière, pour la valeur de deux dorures qu'elle a baillées à la dite dame.

Item. 500 écus d'or soleil, à M⁰ Guy Dampenartin, avocat en parlement, afin qu'il prie..... — *Item.* Une coupe d'argent, de la valeur de vingt écus d'or, à M⁰ Robert Graulme, médecin, demeurant à Paris, rue Saint-André-des-Arts, pour le bon amour qu'elle lui porte et afin qu'il prie Dieu pour son âme.........................

..... Suppliant ses dits exécuteurs de prendre la peine et charge de faire et accomplir son dit testament et codicille, selon qu'elle a le tout ordonné, augmenter son dit testament et non icelui diminuer, se dessaisant de tous, chacuns ses dits biens entre les mains de ses dits exécuteurs, voulant qu'ils en aient la pleine et entière administration, jusques au plein et entier accomplissement de son dit testament et codicille, sousmettant l'audition d'icelluy à la dite juridiction de la prévôté de Paris.

Enregistrement du présent testament, en la cour et sénéchaussée de la Marche, à Guéret, le cinquième jour de juillet 1569.

Collation et vidimus des présentes; et de l'autre part, a été fait par moi, notaire soussigné, en présence des témoins bas nommés, sur une copie, en bonne et due forme à moi représentée par Mⁱʳ François Serre, prêtre, licencié en théologie, chanoine et garde-clef des archives de l'église cathédrale de Limoges et par lui à l'instant retirée, en présence de MM. Mⁱʳ Louis Descoutures, grand-vicaire de l'église de Limoges, y demeurant dans la Cité, et Constant Serre de Malval, neveu du sieur Serre, demeurant ordinairement à Chamboulier et de présent à Limoges, bachelier en droit; témoins connus et à ce appelés qui ont signé.

Limoges, 27 septembre 1732.

Serre, chanoine, garde-clef des archives; Serre du Maleval, Descoutures, Dauryat.

TABLE DES MATIÈRES

ACHEVÉ D'IMPRIMER

PAR MADAME VEUVE H. DUCOURTIEUX

7, RUE DES ARÈNES, LIMOGES

LE XXV SEPTEMBRE MDCCCLXXXV

www.ingramcontent.com/pod-product-compliance
Lightning Source LLC
Chambersburg PA
CBHW070415090426
42733CB00009B/1682